开启未来世界的大趋势！

图解元宇宙
未来的商业机会

[日] 冈岛裕史 著
刘洪岩 金连花 译

机械工业出版社
CHINA MACHINE PRESS

即将面世的元宇宙探索指南

"元宇宙"一词越来越为人所熟知。一个词一旦过于出名,就会让人觉得"我要是不知道就落伍了"。拿到本书的各位,是不是也感受到了这样的压力呢?

新的信息技术(IT)术语大体可以分为两类,一类是技术术语,另一类是概念术语。技术术语解释起来虽不容易,但相对来说就事论事就可以了。但概念术语解释起来就没有那么简单了。因为它阐述的是一种特定概念,人们对它的阐释往往会受到各自立场的影响,其所表示的内涵也是因时因势发生变化的。

"元宇宙"这个词正属于概念术语。很荣幸有机会写作本书,但接手之初我就预想到这不是一项轻松的工作。

不过从结果来看，本书可以称得上是一本初识元宇宙的好书。

尽管书中有些观点和我此前的论述有所不同，但对于初探元宇宙的读者来说，本书能提供更多维的观点，堪称适合的入门书。

元宇宙还称不上是尽善尽美的服务，目前尚存很多需要解决的风险。本书的写作采用了通俗易懂、别开生面的笔触。希望各位读者能通过阅读本书，怀揣梦想去元宇宙中畅想、遨游。感谢您拨冗阅读本书！若您能从书中略有所得，我将不胜欣喜。

冈岛裕史

元宇宙的世界是这样的！

从娱乐到商业的全部社会活动，我们都有望从元宇宙获得比现实世界更舒适的体验。

购物

相较于现实世界，元宇宙的店铺和展示的规模更大，我们能从中获得远超实体店铺和电子商务的全新购物体验。

大型活动

在元宇宙中，我们能更近距离地欣赏音乐会和体育比赛，体验前所未有的表现力和现场感。

开启未来世界的大趋势！

图解元宇宙

目 录

前言 ………………………………… 2
元宇宙的世界是这样的！ ………… 4

Chapter 01
第一章
元宇宙是什么？

01 "元宇宙"的含义是什么？
尼尔·斯蒂芬森、《雪崩》、
另一个世界 ……………………… 14

02 现实世界和元宇宙有何不同？
不同于现实世界的原理、随
心所欲的世界、娱乐 ………… 16

03 了解 VR、AR 和 MR 之间的区别
虚拟现实、增强现实、混合
现实 ……………………………… 18

04 元宇宙和镜像世界有什么不同？
数字孪生、反馈、与现实世界
联动 ……………………………… 20

05 利用 VR 对现实世界进行数字复刻
体验型消费、还原体感、飞行
模拟器 ………………………… 22

06 从复刻现实世界的 VR 走向连接现实世界的 AR
智能眼镜、商业用途 ………… 24

07 真实感与现实世界相融合的《宝可梦 GO》
《宝可梦 GO》、与现实世界联动 …………………………… 26

08 VR 带你深入元宇宙
社交互动、沉浸感、
现场感 ………………………… 28

09 "虚拟分身"带你深度体验元宇宙
虚拟分身、自己的分身、自我
投射性 ………………………… 30

10 虚拟分身能彰显我们的个性
理想的外表、虚构的样子、
自我表达 ……………………… 32

11 我们可以自由创建虚拟空间
理想的空间、《我的世界》…… 34

12 "元宇宙 = 游戏"是一种认知偏误
以元宇宙为载体的商业活动、
虚拟展会 ……………………… 36

| 13 | 用亚文化视角解读元宇宙
Oculus、《雪崩》·················· 38

| 14 | 《刀剑神域》描绘的正是元宇宙世界
头戴式显示器、沉浸式体验·· 40

| 15 | 《电脑线圈》展现的是虚拟现实普及后的世界
可穿戴设备、智能眼镜······· 42

| 16 | "虚拟现实＝有别于现实的另一个世界"
虚拟现实、另一个世界········ 44

| 17 | 社交网络上困住人们的"过滤气泡"是什么？
过滤气泡·························· 46

| 18 | 元宇宙是社交网络的延伸发展
不会遭受他人攻击·············· 48

| 19 | "多元宇宙"满足多样化需求
价值观的一致····················· 50

| 20 | AI的进步促进元宇宙发展
NPC、AI·························· 52

| 21 | 随着5G的普及，元宇宙会变得触手可及
5G、高速、大容量、多连接、低延迟·························· 54

专栏1
元宇宙的未来①
一部可以通过观众视线移动改变结局的电影·························· 56

Chapter 02
第二章
元宇宙将会是下一个"杀手级服务"

| 01 | 十年后，我们将迎来所有人汇聚元宇宙的未来
《罗布乐思》····················· 60

| 02 | 优化操作环境，让任何人都能对元宇宙立刻使用自如
学习成本、用户界面··········· 62

| 03 | 元宇宙的向心力在于"社群"
社群······························· 64

| 04 | 提升图形表现是蓬勃发展的关键
GPU、分辨率、帧速率··········· 66

| 05 | "沉浸式设备"的升级不断加速元宇宙发展
头戴式显示器、可支配时间、开发竞争··················· 68

| 06 | 沉浸在能让我们从现实世界的纷扰中解脱出来的世界
个人权利··················· 70

| 07 | 疫情下兴起的"远程模式"有元宇宙加持会更便捷
视频会议、远程模式··········· 72

| 08 | 颠覆"现实世界足矣"的价值观
交互式、优于现实··········· 74

| 09 | 在游戏世界里，现在最接近元宇宙的是什么？
《堡垒之夜》、射击游戏········· 76

| 10 | 《堡垒之夜》独占鳌头的秘诀是什么？
创造模式··················· 78

| 11 | 领先元宇宙近20年的服务是什么？
《第二人生》、林登币、投机对象··················· 80

| 12 | 《第二人生》为什么日渐式微
低多边形图像、规模经济····· 82

| 13 | 有一种观点是NFT在元宇宙世界中是不可或缺的
NFT、非同质化代币、唯一性、数字资产··················· 84

| 14 | 元宇宙中诞生的新生职业有哪些？
虚拟分身··················· 86

| 15 | 元宇宙在教学上的应用是什么样的？
线上教学、Labster、更丰富的学习路径··················· 88

| 16 | 现实中无法实现的大规模"虚拟市场"
虚拟市场、3D数据··········· 90

| 17 | 完胜视频会议的元宇宙会议什么样？
虚拟会议室、VRChat········· 92

| 18 | 元宇宙首屈一指的"杀手级"内容是"闲聊"
MMORPG、主要目的是聊天·· 94

| 19 | 元宇宙可解决新冠肺炎疫情和环境问题？
疫情防控、避免被社会孤立、防止环境被破坏··················· 96

20 "元宇宙投资家"——新时代的亿万富翁？
NFT、《沙盒游戏》………… 98

21 "内容创造者"迎来商机
平台、大型科技公司………… 100

专栏 2
元宇宙的未来②
《第二人生》重启，创始人回归谋求东山再起………… 102

Chapter 03
第三章
生活在虚拟现实中的未来

01 "回归真实世界"的必要性在减小
生活在虚拟世界………… 106

02 我们能够自由选择舒适的社群生活
闭环、过滤气泡………… 108

03 从工作到游戏都能在元宇宙中解决
在虚拟现实中解决、渗透到生活的方方面面………… 110

04 漫无目的地"待着"就行的元宇宙世界
具身化互联网………… 112

05 体验生活在游戏世界里的感觉——《集合啦！动物森友会》
《集合啦！动物森友会》、虚拟现实………… 114

06 元宇宙中的工作什么样？
新型商业模式、元宇宙中的收入………… 116

07 在虚拟现实中入睡的"VR 睡眠"
VR 睡眠、修学旅行之夜…… 118

08 "元宇宙旅行"——也能穿越时空？
时间旅行………… 120

09 现实中的社会差别和元宇宙中的社会差别
电竞、现实中的社会差别… 122

10 虚拟现实中拒绝"忠实地再现现实"
《最终幻想 XV》、开放世界、舒适的现实………… 124

11 建立舒适的恋爱关系——"虚拟现实中的恋人"
价值观多元化、元宇宙中的恋爱………… 126

12 通过"元宇宙结婚"可以尽情享受治愈的体验
《Gatebox》、背投、虚拟伙伴 128

13 元宇宙生活开启我们的"第二人生"
另一种人生、另一种生活方式 130

14 不再需要现实世界了？生活在元宇宙中的理由是什么？
数字服装、平行世界 132

15 老年群体也需要元宇宙的时代即将到来
数字原生代、提高生活的舒适度 134

16 元宇宙世界中的每个人都能成为"超人"
增强设备、技术的存在意义、FPS 136

17 虚拟现实帮助康复患者加快现实中的康复
康复患者、虚拟现实的应用 138

18 在元宇宙世界中每个人都能平等享受运动
电竞、模拟器、财富和地域上的差距 140

19 元宇宙有引发"虚拟犯罪"的风险
版权、人格权、对虚拟分身实施暴力 142

20 元宇宙中的犯罪仍无法在现实中受到制裁
法律措施、新的正义 144

21 我们将来会在元宇宙迎接死亡吗？
体验死亡的过程 146

专栏 3
元宇宙的未来③
VR 隐形眼镜设备 148

Chapter 04
第四章
看好元宇宙的企业和行政机构

01 大型科技公司占据优势是元宇宙的现实
数据科学、大型科技公司、活跃用户数 152

02 GAFAM 对于元宇宙的战略是什么？
GAFAM、公司优势 154

03 更名为 Meta 可以看出对元宇宙的重视
Meta Platforms、Meta、Horizon Workroom ·················· 156

04 Meta 的目标是开发更加便捷的设备
界面、人机交互 ············· 158

05 现实思维的谷歌没有全力推进社交网络
谷歌、Google+、现实商业···· 160

06 利用谷歌眼镜进军虚拟与现实结合的 AR 产业
谷歌眼镜 ······················· 162

07 我们离元宇宙还远吗？未来苹果公司将备受瞩目
苹果公司、iPhone、镜像世界 ···························· 164

08 微软立志在镜像世界称霸
微软、Hololens ··············· 166

09 亚马逊瞄准元宇宙世界基础设施
亚马逊、Echo Frames、AWS ···························· 168

10 行政政策倾向镜像世界？
虚拟涩谷、池袋镜像世界、现实世界的不便之处 ········· 170

11 日本政府在元宇宙中致力于"登月型研发制度目标"
日本政府、登月型研发制度目标、虚拟分身 ············· 172

12 体育用品企业进军虚拟分身运动鞋业务
NFT、数字原创、INTO THE METAVERSE ··················· 174

13 宝马打造多功能空间"虚拟世界"
宝马、JOYTOPIA、虚拟直播 ··························· 176

14 巴巴多斯设立全球首个"元宇宙大使馆"
巴巴多斯、Decentraland、区块链 ························ 178

15 日本企业如何在元宇宙时代胜出
亚文化、VRM ················· 180

专栏 4
元宇宙的未来④
Meta 正在开发世界上最快的 AI 超级计算机 ················ 182

01 Chapter

第一章

图解元宇宙

元宇宙是什么？

近年,"元宇宙"这个词好像一下子流行起来。提及元宇宙,人们对它的认识往往还仅限于游戏领域,但实际上远不止于此。那么,元宇宙的内涵和定义是什么?它到底能为我们带来什么?又具有什么样的特征?首先让我们解开这些问题。

关键词 ➡ ☑ 尼尔·斯蒂芬森、《雪崩》、另一个世界

01 "元宇宙"的含义是什么?

"元宇宙"这个词其实早在30年前就已经诞生了,近年随着科技的进步再次引起了人们的关注。

"元宇宙"由表示"超越的、高阶的"的meta(元)和表示"世界、宇宙"的universe(宇宙)组合而成。"元宇宙"这个词虽说是最近才变得众所周知的,但实际上它始见于科幻小说作家尼尔·斯蒂芬森1992年出版的小说《雪崩》中。"元宇宙"这个词及其所指概念很早就诞生了。追溯其语源,"元宇宙"可以直译为"高维世界",根据直译,会让人觉得现实世界和元宇宙之间有着维度的高低,而这样的理解

始见于1992年的科幻小说

《雪崩》
美国科幻小说作家尼尔·斯蒂芬森于1992年创作的小说。"元宇宙"一词在这部作品中首次出现。

诞生于30年前的概念

并不准确。我们将元宇宙理解为不同于现实世界的"另一个世界"可能更为贴切。"元宇宙"这个词好像是突然爆红的,以至于现在人们对它的概念内涵还没有一个权威的解释。为了顺应元宇宙热潮的大趋势,各类企业和团体都给自己公司的产品或项目贴上元宇宙的标签,这也给元宇宙的真实含义增加了一份神秘感。随着元宇宙的深入发展,它的概念内涵也势必会随之变化。但就目前而言,将元宇宙解释为"另一个世界",会更有利于我们理解这究竟是一个怎样的世界。

01 元宇宙是什么?

元宇宙是"另一个世界"

好累啊……

"元宇宙"是meta(元)和universe(宇宙)的复合词。

元宇宙直译为"高维世界",但它与现实世界间没有维度高低之分,所以理解为"另一个世界"更为恰当。

关键词 ➡ ☑ 不同于现实世界的原理、随心所欲的世界、娱乐

02 现实世界和元宇宙有何不同?

元宇宙不是对现实世界的单纯模仿,而是人们打造出的"随心所欲的世界"。

　　如果说元宇宙是不同于现实的"另一个世界",那它与现实世界的区别在哪里呢?把元宇宙作为卖点的服务案例中,高度逼真的计算机动画(CG)成了标配。这是因为,人们往往倾向于认为元宇宙的重点是网络空间对现实世界的模仿,但它的主要目的其实并不在此。事实上,元宇宙是从现实世界中抽出了最便捷的部分,用不同于现实世界的原理

有别于现实世界原理的"随心所欲的世界"

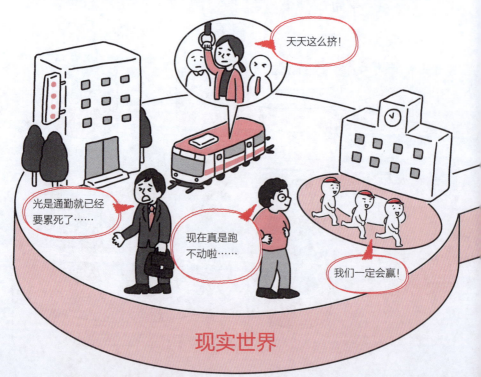

现实世界

创造出来的"另一个世界"。通过虚拟分身的设定，我们能获得与现实世界不同的物理属性，譬如创造不受现实重力约束的世界、改变年龄等个人属性。创造出这样有别于现实的"随心所欲的世界"才是元宇宙的本质。在元宇宙概念诞生以前，通过游戏和社交网络，我们就已经在有别于现实世界原理的世界中享受生活、调整心态。元宇宙是一个重视用户体验的世界，今天它的作用主要体现在娱乐方面，但将来有望应用到商业、教育等方方面面。既然现实世界中的活动都可以在元宇宙中实现，估计将来一定会有人将自己的大部分生活由现实世界转移到元宇宙中，这和我们选择心仪的国家移居是一样的道理。

01 元宇宙是什么？

关键词 ➡ ☑ 虚拟现实、增强现实、混合现实

了解 VR、AR 和 MR 之间的区别

要理解元宇宙,首先要知道虚拟现实、增强现实和混合现实的区别。

虚拟现实(Virtual Reality,缩写为VR)指的是"现实世界之外的空间",一般认为包括以下三个要素:"三维空间性""实时交互""自我投射性"。比如,当我们戴上VR的头戴式显示器时,就会体验到"一个不同于现实世界的三维空间(VR空间)","现实里的身体动作都会在VR空间中引发交互感应",从而会让我们有"沉浸到了这个世界里"的感觉。这种体验就叫作虚拟现实。

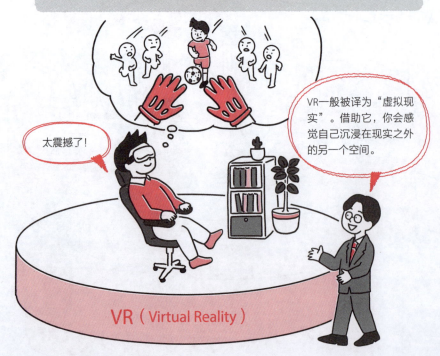

增强现实（Augmented Reality，缩写为AR）是用计算机技术在现实空间中"添加"某种虚拟物体的技术，它随着高性能智能手机的普及得以发展。2016年发布的《宝可梦GO》就是AR游戏的典型案例。在这款游戏中，智能手机摄像头取景的现实世界的场景中出现了在那里本不存在的"精灵"。此外，虽然我们通常意识不到，但自拍软件"SNOW"和会议软件"Zoom"的虚拟背景等也属于AR技术的应用。另外，被称为"VR和AR的交集"或"AR进阶版"的混合现实（Mixed Reality，缩写为MR），是指精准把握现实空间的位置信息，并基于此添加虚拟信息的一项技术。

01 元宇宙是什么？

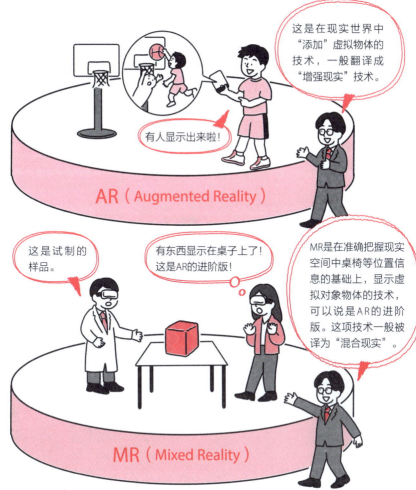

AR（Augmented Reality）

这是在现实世界中"添加"虚拟物体的技术，一般翻译成"增强现实"技术。

有人显示出来啦！

MR（Mixed Reality）

这是试制的样品。

有东西显示在桌子上了！这是AR的进阶版！

MR是在准确把握现实空间中桌椅等位置信息的基础上，显示虚拟对象物体的技术，可以说是AR的进阶版。这项技术一般被译为"混合现实"。

关键词 ➡ ☑ 数字孪生、反馈、与现实世界联动

04 元宇宙和镜像世界有什么不同?

元宇宙和镜像世界是两个不同的概念。

有一个和元宇宙很像的词,叫镜像世界。元宇宙是指"有别于现实世界的随心所欲的另一个世界"。说到底,它是人们创造的有别于现实的世界。在这个世界中,尽管有些场景是对现实的模仿,但那不过是它表现形式的一部分而已。而镜像世界强调的是一种交互关系,它是完全仿造现实世界的"数字孪生"对现实世界所做出的反馈。元宇宙最大的

镜像世界是现实的再现

价值在于，它能够根据人与人的交互关系来创造一个新的世界，它能为用户提供一个舒适的、有别于现实的空间。而镜像世界与元宇宙不同，它通过与现实世界联动来传输信息，从而能够改变现实世界的状态。也有人认为，元宇宙的概念内涵中包括镜像世界。有关两者关系的分歧，既有迄今对两者定义不清的原因，也有服务提供者对两者命名标准不同的原因。在观点尚不统一的情况下，我们至少可以说元宇宙和镜像世界都是"虚拟世界"的一部分。一般认为，在元宇宙概念下VR技术的应用方兴未艾，而AR和MR技术的应用则为镜像世界的实现创造了条件。

元宇宙和镜像世界的区别

关键词 ➡️ ☑ 体验型消费、还原体感、飞行模拟器

05 利用VR对现实世界进行数字复刻

随着VR技术的进步，我们能够复制那些以往必须亲临现场才能获得的独特体验。

从营销观点来看，消费者的价值观已经从"商品型消费"转变为"体验型消费"，体验商品化的业务不断扩大。例如，当一首音乐能够作为数据被轻轻松松地拷贝，它所蕴含的价值就被稀释了。这样一来，音乐产业的重心将不再是CD销售，而是会转移到演唱会、见面会这样的提供真实体验的服务上。但是，随着VR技术的进步，我们将迎来一个能够还原体感，甚至能够用数字技术复制体验的新时代。除视觉信息

用VR复刻体验型消费

技术取得巨大进步外,还原触觉、嗅觉和味觉的研究也取得了长足发展。充满现场感的体验设备早就已经应用在赛车和飞行模拟器上了。甚至有些娱乐用的设备还能通过头戴式显示器获得蹦极的体验。据说在蹦极游戏过程中,通过鼓风机送风,体验感会十分接近真实蹦极。此外,能够还原握手、接吻、失禁等感觉的设备也正在开发中。预计在不久的将来,VR带来的体验价值完全有可能超过现实的同类体验。而且,VR还能避免现实体验的一些弊端,比如在路程和等待上花费过多时间、与其他人协调的烦琐和人际纠纷等。因此,VR不仅能复刻现实,更能消除那些我们不需要的因素,由此我们能够创造出更有吸引力的服务。

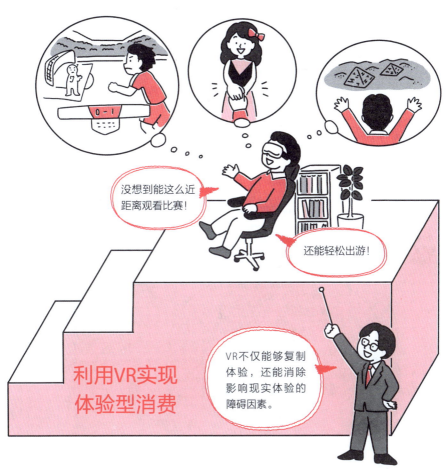

利用VR实现体验型消费

没想到能这么近距离观看比赛!

还能轻松出游!

VR不仅能够复制体验,还能消除影响现实体验的障碍因素。

关键词 → ☑ 智能眼镜、商业用途

从复刻现实世界的 VR 走向连接现实世界的 AR

如果要创造一个以现实为基础的新世界，AR技术最为合适。

　　如果我们想在数字空间中还原现实世界，将虚拟信息融合到已有的现实世界中或许比从头开始创建更为高效。用户一般会认为数字空间也应该与现实世界连接，因此AR技术也能降低我们心理上的抵触感。像《宝可梦GO》《勇者斗恶龙》这样的AR游戏，现实场景和游戏人物同时显示在手机屏幕中，这就是将现实与虚拟世界融合在一起的例子。

想更接近现实，AR是不二之选

由于这样的应用方法和娱乐产业天然相宜,所以AR技术现在多倾向于应用在游戏、动画等领域。除此之外,你还可以通过智能手机或<u>智能眼镜</u>(眼镜式AR设备),在APP中养一只"仅对自己可见的宠物"。除娱乐行业之外,AR的优势还体现在商务的应用场景下,即便我们在忙于其他事务,也能通过AR查阅资料。比如,AR在接待客人这类场景中就很有作用,我们能用视线关注对方的同时确认顾客信息,避免了很多麻烦。另外,AR技术将来还有望能辅助医生进行外科手术。当设备变得更小、更轻量,并且电池续航能力更强时,它的<u>商业用途</u>也会急剧增加。随着智能手机和平板电脑的普及,数字信息的使用将更加便捷。

营造虚拟现实是AR的强项

要在虚拟空间中从零做起啊!

把虚拟要素融合到现实世界中就行啦!

VR

VR要从零开始创建虚拟空间,需要大量的时间和成本来还原现实。

AR

AR是将虚拟要素添加到现实世界的技术,最适宜搭建虚拟现实空间。

01 元宇宙是什么?

关键词 ➡ ☑ 《宝可梦GO》、与现实世界联动

真实感与现实世界相融合的《宝可梦 GO》

使用AR获得和动漫主角相同的体验，这种游戏形式火爆起来。

《宝可梦GO》是一款使用位置信息和AR技术的手机游戏，它把现实世界作为游戏场景。作为一款与现实世界联动的游戏，玩家们需要捕捉地图上出现的游戏角色。在游戏进行时，手机屏幕上显示的游戏角色就出现在玩家眼前的现实场景中，让人体验到好像能真的捕捉到这些角色的真实感。玩家需要赶赴指定地点捕捉游戏角色，以至于在最火爆的时期街上随处可见单手举着手机玩《宝可梦GO》的人们。这款游戏的玩家不仅有孩子、大人，甚至还有老人，覆盖了各个年龄层。玩家

游戏角色现身于现实世界中

宝可梦 GO

这是一款2016年Niantic发布的面向智能手机终端的游戏。这款游戏以现实世界为场景，手机游戏画面中显示的道具和角色叠加于现实场景中。

们为了得到稀有的角色和道具，常会蜂拥到一处，为此新闻还专门做过报道。当虚拟的角色出现在自己用手机摄像头取景的实时场景中时，我们会沉浸到现实和虚拟的交错感当中。这也正是这款游戏的魅力所在。AR技术目前主要应用于娱乐产业，但随着AR设备的进一步发展，它也有望被应用于商业领域。在智能眼镜普及之后，我们就可以将各种信息叠加到仅自己可见的世界中。比如，在修理机器的时候，我们的视野中可以同时出现设计图和说明书。这样一来，不仅可以解放双手，视线的移动也会更加自如。这虽然只是一点小改进，却能大大提高工作效率。AR技术在将来还有各种各样的可能性，作为下一步战略的相关技术开发和商业创意也在酝酿之中。

关键词 ➡ ☑ 社交互动、沉浸感、现场感

08 VR 带你深入元宇宙

VR创造的"沉浸感"会提升你在元宇宙世界中的自我存在感。

VR虽然不是元宇宙的必要条件，但通过与VR技术的结合，元宇宙会带给我们更加丰富的体验。VR的内涵包括"三维空间性""实时交互"及感知自我存在的"自我投射性"这三个要素。作为自我存在感的概念延伸，"社交互动"堪称VR的第四要素，它会让我们切实感受到虚拟空间中的他人存在。有了这个要素，元宇宙才称得上是与现实世界

元宇宙×VR的沉浸式体验

并存的"另一个世界"。这一要素给元宇宙概念带来了巨大的变化,就像过去我们主要用互联网来浏览网页,可以实时交流的社交网络出现后,互联网的使用体验就变得截然不同了。VR特有的沉浸感能让用户体验到身临其境的现场感,真正感觉到"在这个(虚拟)空间里,我是真实存在的"。元宇宙的设计理念是创建一个"更为便捷、舒适的空间"。因此,导入能带来实感体验的VR技术,能让我们真正沉浸其中。这里所说的"真实感",并不是指分辨率高、表现力细腻的画面。虚拟场景或虚拟分身哪怕是三角山、火柴人都没有关系。更重要的是,我们能体验到与其他人顺畅交谈、握手的感觉,以及与其他人拥抱、并肩前行的感觉。这些对用户来说才是具有"真实感"的体验。

关键词 ➡️ ☑ 虚拟分身、自己的分身、自我投射性

"虚拟分身"带你深度体验元宇宙

通过虚拟分身与他人的交流，加深在元宇宙中的体验。

"虚拟分身"是指用户在虚拟空间中控制的虚拟角色。这个词的英文Avatar来源于梵语的Avatarana，原意是神和佛的化身，后引申为"自己的分身"。神话中的人物往往可以改变形象，而在VR中，用户也能随意改变自己的外表。基于这一共同点，信息技术领域化用了这个词。不过，虚拟分身这个词并不是元宇宙或VR领域的专有术语。在

虚拟分身是我们自己的分身

广义上理解，社交网络的头像等也属于虚拟分身。它的形式本身并不重要，可以是自拍照，也可以是动漫风图片或动物照片。只要这个头像能够作为代表用户自身身份的符号，就可以被归为虚拟分身。在元宇宙世界中，我们会把一个人的虚拟分身看作那个人自己。虚拟分身除赋予用户身份标记以外，在VR应用场景下还能使用户拥有"具身性"。它是用户体验VR空间时不可或缺的要素。用户通过虚拟分身能充分获得VR的空间体验，如在VR空间中自由穿梭、伸手抓取VR空间中的物体，乃至说话时口型和表情都会随之发生变化。虚拟分身不仅仅体现在外观上，它的作用还体现在<u>自我投射性</u>上，让用户在体验VR空间时真切感受到"我就在这个空间里"。

分身们在元宇宙中交流

关键词 ➡ ☑ 理想的外表、虚构的样子、自我表达

10 虚拟分身能彰显我们的个性

性格各异的虚拟分身能在元宇宙世界中创造出多样的社群。

与现实世界不同，在虚拟现实世界中用户没有特别要求的话，虚拟分身的样子就没有必要一定与现实世界的自己联系起来。我们可以自由地选择自己的名字、年龄、职业、性别乃至外貌和举止行为。由于虚拟分身的外观很容易改变，所以我们甚至可以根据不同情况使用不同的虚拟分身。在虚拟现实中，用户可以尽情展示自己的个性。有人会为自己设计理想的外表，也有人选择小动物、恐龙等虚构的样子，甚至还有男性故意使用动漫风的美少女角色作为虚拟分身，一般这种情况被叫作

你可以拥有你想要的外貌

好成为演员那样的帅哥。

真想变成强壮的人啊！

我在元宇宙换个性别吧！

现实世界

"虚拟美少女化身"。在不了解情况的人看来,这种行为可能有点不可思议,但我们可以把它理解为一种自我表达方式。当我们能够通过虚拟分身来识别自己和其他用户时,社群就产生了。和现实世界中的情况一样,或许是因为喜欢对方的外表和举止,或许是因为恰好处在同一个地方,用户之间由此就有了对话的契机,从而开始交流。在VR中,我们可以实时地、立体地把握自己和其他用户的位置关系。具体来说,我们能感受到有人靠近、走远、击掌,还能听到别人的谈话,甚至能感知周围人说话的声调,并以此来判断这个空间里人与人的距离感(包括我们是处于拥挤的人群中,还是处于宽敞的场所中,或是远离人群之外等)。这种距离感不断发生变化,从而给我们带来一种现场感。用户们一同体验、享受这种感觉,自然就产生出了社群。

关键词 ➡ ☑ 理想的空间、《我的世界》

11 我们可以自由创建虚拟空间

我们可以在元宇宙中创建一个属于自己的理想世界。

在元宇宙世界中，有一类服务是用户可以自由设计自己想象的空间。我们可以在元宇宙中自由布置沙盒方块和道具物品，从而能够再现房屋或城堡等建筑、海洋和森林等自然景观乃至现实中存在的建筑物等，以此打造一个自己理想的空间。有一款著名的游戏叫《我的世界》，很多玩家都是通过这个游戏体会到"创造世界"的乐趣的。在这

建造我们理想的空间

款游戏中，每位玩家都能通过沙盒方块的堆积创造出个性化的空间。在《我的世界》中，基本上没有通关设定和烦琐的游戏规则，玩法很大程度上取决于玩家自己。就是这样一款游戏，在2019年超越了有史以来最火的游戏《俄罗斯方块》，一跃成为"世界最畅销游戏"。无论是PC端还是家用游戏机端，支持多平台畅玩是这款游戏在世界上广受欢迎的原因之一。但它最吸引众多玩家的无疑是"能在虚拟世界中自由创建自己喜欢的空间"这种自由度和期待感。在今后的元宇宙世界中，承载这样功能的服务将会越来越多。在这些功能下，用户能够创造出一个"随心所欲的世界"，可以自由地创造自己理想的空间。

能让我们体会"创造世界"乐趣的游戏

关键词 ➡ ☑ 以元宇宙为载体的商业活动、虚拟展会

"元宇宙 = 游戏"
是一种认知偏误

元宇宙很容易令人联想到游戏，但游戏不过是元宇宙众多用途中的一种。

游戏是我们最常提及的元宇宙的例子，可能正因为这个原因，人们才容易认为"元宇宙=游戏"。然而事实并非如此。当然，游戏也是元宇宙的重要用途之一，但它在其他领域的应用前景也不容忽视。比如，在元宇宙中购物，我们足不出户就能体验到在现实中无法想象的大型商场中购物的乐趣。此外，元宇宙受到广泛关注还由于以元宇宙为载体的

元宇宙应用示例

商业活动的无限可能性。如今，将元宇宙作为会议和授课的空间成了元宇宙最广泛的用途。人们开始在网络游戏中举行音乐会、虚拟展会等各种活动。元宇宙作为一个永远也不会被初始化的空间，构成虚拟分身和虚拟物品的数据能在多种服务场景下兼容，这一机制一旦形成便会产生收益。今后我们对这一点的认识会逐步深入。我们在现实世界中进行的每一项活动都能够在元宇宙中得以实现，它蕴含着无限可能性。游戏等娱乐产业是最容易在新技术发端之初体现其价值的。由此判断，我们将元宇宙正式应用起来，建立一个"有别于现实的随心所欲的世界"，这一进程才刚刚开始。

游戏
除了战斗、运动等游戏的传统玩法，玩家们在一起闲聊、构建原创空间等体现"元宇宙中互动空间"的新玩法备受瞩目。

好了，我们出发！
每个岛都完全不一样！
一鼓作气进攻！

商业
与传统的网络会议和现场展销相比，元宇宙里的会议和商务演示更为便捷，还能够节省现实世界中办公场所的租金。

关键词 ➡ ☑ Oculus、《雪崩》

13 用亚文化视角解读元宇宙

为了准确把握元宇宙的真义,了解它在亚文化领域中的应用是有效的途径。

我们可以通过参考亚文化现象加深对元宇宙的理解。Oculus是现今VR设备的代表性品牌,它的创始人帕尔默·拉奇(Palmer Luckey)透露自己小时候很爱读《雪崩》这本书。在这部作品中,"元宇宙"这个词第一次出现在人们视野中。如果Oculus的创立真的和这部作品有关,

亚文化中蕴含着启迪

那我们可以说亚文化的确蕴藏着改变社会的力量。在亚文化圈子中，有一些作品有利于我们建立对元宇宙的理解。在《刀剑神域》中，主人公们玩的游戏属于佩戴上VR设备，所有感官都能沉浸在虚拟现实中的类型。而《头号玩家》所描绘的场景是人类难以忍受现实世界的不堪而终日生活在虚拟现实的世界里。这些作品都是很好的例子。想要了解元宇宙发展带来的未来图景，清晰把握元宇宙会给人们的生活带来怎样的改变，走进亚文化世界是一个有效的手段。

有助于理解元宇宙的作品

《刀剑神域》

2009年发表的轻小说，讲述了使用VR设备玩游戏的主人公被困在虚拟现实中，为了逃出去而努力通关的故事。

《头号玩家》

2018年上映的科幻电影。在电影中，人们从环境污染、政治动荡的破败现实世界逃入虚拟现实世界。围绕虚拟现实创始人的遗产，人们展开了一场争斗。

提及虚拟现实的作品有很多，看看这类作品有助于我们更好地了解元宇宙。

关 键 词 ➡ ☑ 头戴式显示器、沉浸式体验

14 《刀剑神域》描绘的正是元宇宙世界

元宇宙的具体形象在《刀剑神域》中被描绘得淋漓尽致。

2012年首播的动画《刀剑神域（SAO）》，是以全感官沉浸式虚拟现实游戏为背景的作品。在这部动画中，玩家不是隔着电脑或手机屏幕玩游戏，而是佩戴上全包裹的头戴式显示器躺在床上，将所有的感官体验都沉浸在虚拟现实中。玩家在游戏中以自己喜欢的外貌示人，并能

全身心浸没在虚拟现实中

故事开始于2022年！

被困在虚拟现实中
游戏的统治者会告诉玩家们，"在有人通关游戏之前，任何人不能走出虚拟现实"。

好像还不能退出登录！

直到有人通关。

这是个沉浸式游戏啊！

你是说我回不去现实世界了？

VR游戏《刀剑神域》开服了
2022年，全感官沉浸式VR游戏《刀剑神域》正式开服。

40

自由地活动。走、跑、坐这些现实世界中的常用动作在原原本本地还原到元宇宙中。主人公们正沉浸式体验虚拟现实，却被游戏的统治者告知直到有人通关才能走出虚拟现实。主人公们花了两年时间完成了通关，但随着新游戏一个又一个开启，虚拟现实中的战斗还在继续。对于主人公们来说，是意外让他们被"困"在了虚拟现实中。但这部作品也从侧面展现了那些进入到虚拟现实世界并沉溺于这种生活的玩家。我们也可以说，这部作品已经预见到总有一天会有人主动选择在虚拟现实中生活。

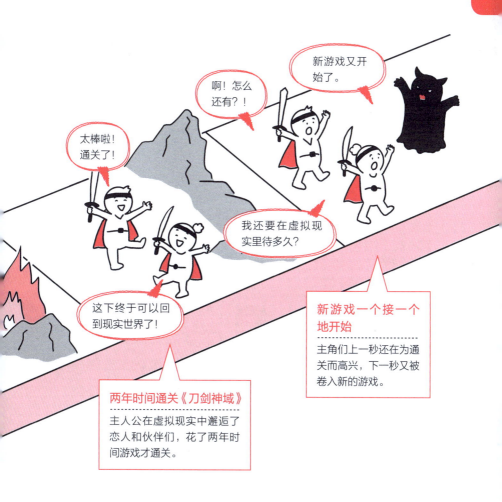

两年时间通关《刀剑神域》
主人公在虚拟现实中邂逅了恋人和伙伴们，花了两年时间游戏才通关。

新游戏一个接一个地开始
主角们上一秒还在为通关而高兴，下一秒又被卷入新的游戏。

关键词 ➡ ☑ **可穿戴设备、智能眼镜**

《电脑线圈》展现的是虚拟现实普及后的世界

这是一部描绘AR普及后，现实与数字融合的世界景象的动画作品。

AR的普及很大程度上取决于可穿戴设备的普及。可穿戴设备指的是能佩戴在身上的终端的总称。目前我们比较熟悉的可穿戴设备有智能眼镜和智能手表。2007年首播的电视动画《电脑线圈》以虚构的城市为故事背景。在这里，连孩子们都悉数佩戴着被称为"电脑眼镜"的眼镜式AR设备。故事的主人公们在日常生活中一直戴着"电脑眼镜"，

描绘AR形式虚拟现实的作品

🖋 **《电脑线圈》**

2007年开始在电视上播出的动画作品，描绘了被称为"电脑眼镜"的眼镜式AR设备普及后的世界。主人公们花了两年时间通关游戏。

在这个世界里，日常的生活和休闲、学校的授课、工作等所有的信息都能通过这种眼镜获取。

戴上那副眼镜就能看到我了！

时刻保持联网状态。在这部动画中，就连我们常用电脑或手机发送的电子邮件，也都能根据需要通过空中出现的虚拟显示器发送。在故事中扮演重要角色的宠物的存在形式更是充分展现了AR的优势。那些因为种种原因不能饲养真实宠物的人，也可以通过"电脑眼镜"将自己喜欢的动物影像叠加到眼前的虚拟世界里，从而以此获得模拟宠物饲养的生活体验。这不是仅存在于动画中的事情。早在20世纪90年代，模拟热带鱼鱼缸的PC端游戏《水族馆》（Aqua Zone）就开始发售。这种方式比饲养机器人宠物更能减轻主人的负担，它将会随着设备的发展普及开来。

通过眼镜看"数字对象"

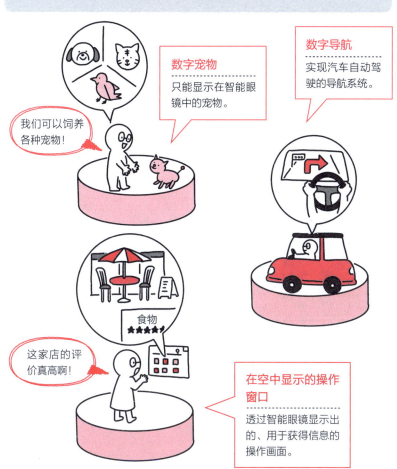

数字宠物
只能显示在智能眼镜中的宠物。

我们可以饲养各种宠物！

数字导航
实现汽车自动驾驶的导航系统。

在空中显示的操作窗口
透过智能眼镜显示出的、用于获得信息的操作画面。

这家店的评价真高啊！

关键词 ➡ ☑ 虚拟现实、另一个世界

"虚拟现实 = 有别于现实的另一个世界"

"在现实世界之外创造另一个世界",一般认为日本是这一创想的先行者。

在世界上提及"Virtual Reality"这个词,通常认为它的目的是创造一个与现实一模一样的世界(即虚拟现实)。因此,欧美国家的研究人员在创建VR内容时,一直以来都以忠实于现实的模仿为主。像《刀剑神域》和《头号玩家》这样的风格都属较为罕见的创想,它们都是意在构建一个完全远离现实的世界。与之不同的是,日本在虚拟现实技术萌芽早期就将现实世界和VR理解为两回事,认为VR并非对现实的模

"Virtual Reality"在日语中被译为"假想现实"

44

仿，而是意在另行创造一个与现实全然不同的世界，并沿袭这一发展方向至今。那么这种差别究竟从何而来？确切的原因尚不清楚，但有一种观点认为这与"Virtual Reality"在日语中被翻译成"假想现实"有关。在世界多种语言中，"Virtual"一词的意思近似于日语的"疑似"（和真东西一模一样），而在日本则因译词将其理解为"假想"（空想意义上的）。因此，日本所理解的VR多是指"与现实不同的世界"。如前文所述，元宇宙是一个"有别于现实的随心所欲的世界"。随着元宇宙时代的到来，以"虚拟现实=有别于现实的另一个世界"这一观点出发的日本或许会迎来巨大的机遇。

日本式的Virtual Reality是否会走在世界前列？

关键词 ➡ ☑ 过滤气泡

17 社交网络上困住人们的"过滤气泡"是什么?

过滤气泡的存在,能够使社交网络和元宇宙成为具有舒适体验的空间。

  过滤气泡是指搜索引擎使用特定算法对原有网页搜索结果进行干预,根据用户每个人不同的浏览习惯,提前过滤掉其可能不感兴趣的信息的功能。用户就像被包裹在气泡中一样,只能获取到自己想看到的信息。这个概念延伸到社交网络,专指把好友关系中属性相似的人聚在一

社交网络的本质是什么?

46

个圈子里,从而形成一个小社群的现象。在社交网络上,用户之间的思维方式、价值观和生活水准等各种属性越相似,被点赞的概率就越高,从而使用体验越好。因此,社交网络的运营公司会设置层层过滤,尽可能让用户保持良好的使用体验,从而长时间地停留在服务中。这就是社交网络带来的困局。社交网络的用户很少能意识到过滤气泡的存在。我们总认为自己在和很多好友互动,但实际上却只是在和极少数志趣相投者联系。我们通常将社交网络看作"世界各地的人广泛连接"的工具,其实将其理解为"从广阔的世界中寻找了一个狭窄封闭的空间"的工具可能更接近其本质。

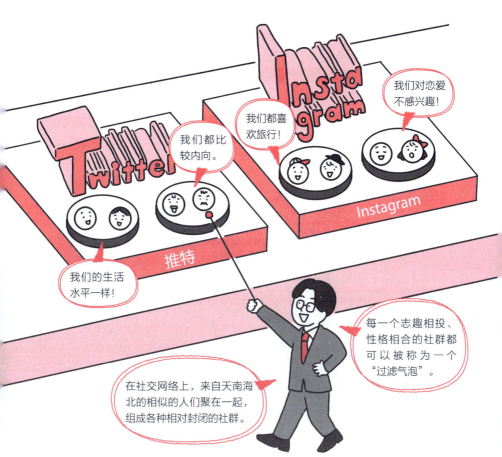

关 键 词 ➡ ☑ 不会遭受他人攻击

18 元宇宙是社交网络的延伸发展

从过滤气泡带来的良好体验来看，元宇宙可以说是社交网络的延伸。

在社交网络上，我们一般只会和志同道合的好友们共同享受良好体验，这种舒适感是以不会遭受他人攻击的安全感为前提的。由于过滤气泡效应，我们只会和"价值观类同"的人产生互动，因此完全不用担心因价值观不同而发生争执。有了心理上的安全感作为保障，加之随着虚拟技术的进步，就连风、气味这样涉及触觉、嗅觉的体验都能用虚

元宇宙是社交网络的进阶版？

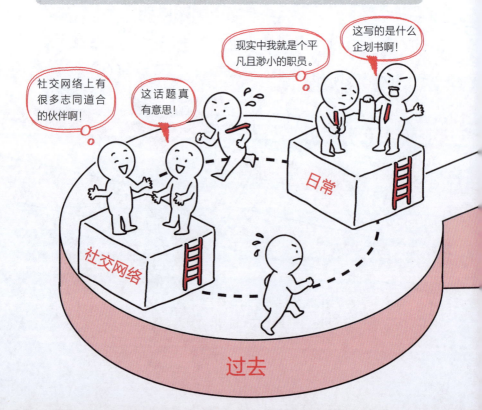

拟现实表现出来的话，那下一步就有必要考虑如何在这样一个世界长久生活下去。为了不因工作缘故而离开元宇宙，就需要我们今后在元宇宙中也能从事工作并取得收入。这样一来，除了睡觉、吃饭、排泄、洗澡以外的所有事情都能在元宇宙内完成。元宇宙是能从现实世界中萃取精华的另一个世界。现实的艰辛，不仅仅存在于人际关系和劳动之中，还体现在我们因事故、生病、衰老而导致身体机能下降的情况中。即使现实中的我们的身体连走路都成问题，我们依然能够活跃在没有重力设定的元宇宙中，或是使用年轻而有活力的虚拟分身生活，现实里身体上的烦恼都将烟消云散。虽然"另一个世界"往往给人一种逃避现实的印象，但它也的确是一个消除了一切生活上的不便，并且更安全的世界。

关 键 词 ➡ ☑ 价值观的一致

"多元宇宙"满足多样化需求

少数几个人组成一个朋友圈，这是比较现实的事。

电影中描绘的元宇宙画面通常是所有用户聚集在唯一的超级大陆上（即虚拟现实）。但是，实际的元宇宙应该是由无数的小岛组成，每个小岛上都聚集着一伙志同道合的好友。元宇宙不同于现实世界，这个世界的运转原理应该是"对自己来说更为便捷"。在虚拟现实中，我们的交流对象是特定的，仅限于过滤气泡内的少数人。这是一个有着良好体验的空间，大家都有着相同的价值观，我们不用担心会有被别人否定的危险。此外，我们还可以选择与现实中的自己相去甚远的角色作为虚拟分身。在现实世界中，我们很难改变自己的年龄、性别这些固有属性，

元宇宙只有一个吗？

但在这里我们能任意根据自己的喜好对其加以变更,我们甚至可以根据外界的期待自由选择这些属性。中年男性选择"虚拟美少女化身"作为虚拟分身就是很好的例子。从技术层面来说,多元宇宙的普及也更具有操作性。当然,只要投入足够多的钱,我们也能创造出能容纳数亿用户的虚拟现实世界。但更为重要的是用户间价值观的一致程度。从这一点来看,元宇宙的核心功能是让用户根据自己当时的要求走进一个个小社群。这样的社群并不是唯一的,而是用户从众多世界观中选择出最适合自己的、最能享受良好体验的社群。

顾全所有不同的需求

关 键 词 ➡ ☑ NPC、AI

AI 的进步促进元宇宙发展

元宇宙的沉浸感，源于对日常场景真实再现的不懈追求。

　　可以毫不夸张地说，近年游戏作品所展现的强烈的沉浸感，是靠氛围设定、街头布景和NPC（玩家无法操纵的游戏角色）的流畅动作来实现的。随着CG技术的发展，"观感极佳"的影像越来越多，通常一眼看上去好像拍摄的实景一样。在元宇宙的世界里，我们也会倾注很大的心力利用人工智能（AI）来体现这种"自然感"。在这一点上，人的感觉是微妙的。比如，我们在元宇宙中看到猫或火柴人的形象也许会觉得

AI装点下的元宇宙世界

NPC自然的行为表现

随着AI的应用，玩家之外的游戏角色行为表现非常自然的游戏作品越来越多。

很"真实",但另一方面,对于那些虚拟得惟妙惟肖的物体,我们反而会十分介意它在细微之处的不协调。而今的CG乍一看与现实世界场景没有什么区别,这进一步提升了我们对虚拟的行为表现高度还原现实的需求。例如,试想一下我们在现实世界里去公园时周围的场景。有带着孩子的人、遛狗的人、快步横穿而过的人、打理花坛的人,所有人都井然有序地做着自己的事,也会偶尔有交谈的场面。元宇宙中也会自动生成这样的场景,并通过对用户动作进行编程,使其行为表现得就像人控制的虚拟分身一样。不仅仅虚拟的人,就连花草、小鸟乃至随风飘舞的购物袋都被赋予了逼真的属性。AI的进步使我们能够设计出"更逼真的自然行为",从而能够使用户真正沉浸到元宇宙中。

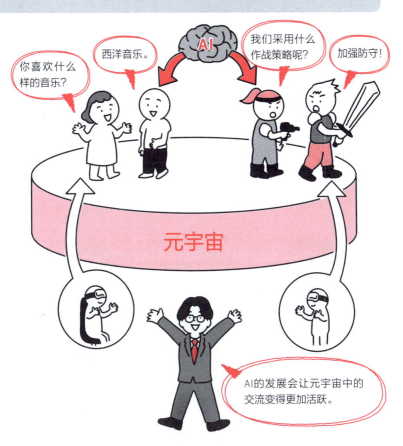

我们将分不清AI和人类?

关键词 ➡ ☑ 5G、高速、大容量、多连接、低延迟

21 随着 5G 的普及，元宇宙会变得触手可及

5G能够实现高速、大容量通信，它将完善元宇宙的细节，加速元宇宙普及。

有观点认为，新一代移动通信技术"5G"的推广将会促进元宇宙的普及。与现行的4G相比，5G通信具有高速、大容量、多连接、低延迟等特点。这些都是用手机终端接入元宇宙的必备要素。为了更真实地进行元宇宙的体验，关键是要营造一个属于元宇宙的世界观。在元宇宙中，我们用眼睛看到的背景动画、用耳朵不经意听到的环境音，都为虚拟现实的真实感提供了保障。这和在游戏中通过NPC的行为来增强真

5G提升了我们对元宇宙的期待值

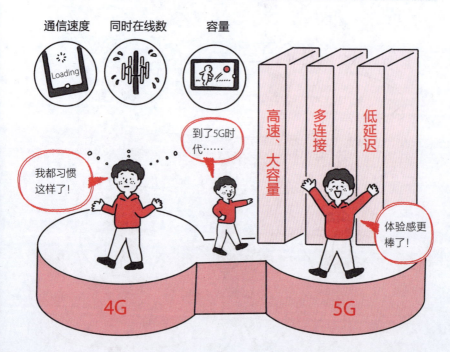

实感具有同样的道理。另外，元宇宙对用户的每一个细微举动都能实时做出反应；并且，做出反馈也很重要。虚拟现实技术特有的视听觉拓展效果也是元宇宙的一大妙趣所在。2019年在日本举办的橄榄球世界杯比赛上，有研究者进行了使用5G观看体育赛事的实证实验。在实验的基础上，人们提出了一种新的体育观赛形式，在实时观看比赛的同时，可以选择自己喜欢的摄像角度，并根据自己的喜好在任意时间显示球队和球员的信息。另外，像"虚拟涩谷"那样的使用场景将会越来越多。在那里，很多人聚集在同一个虚拟空间里，能自由地做着自己的事情。其中，虚拟分身和背景的细节表达更为细腻，还能减少多人实时互动场景下的等待时间，这些要素都有助于降低对虚拟世界相对陌生的人群的使用门槛。

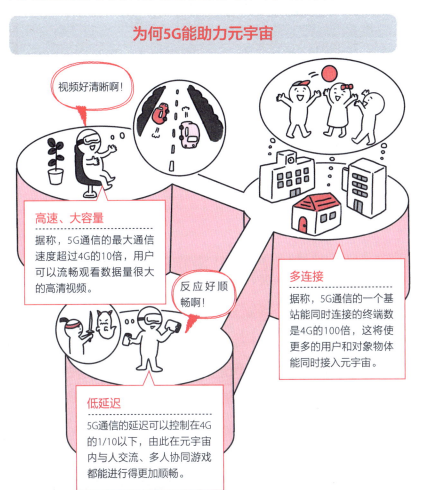

为何5G能助力元宇宙

视频好清晰啊！

高速、大容量
据称，5G通信的最大通信速度超过4G的10倍，用户可以流畅观看数据量很大的高清视频。

反应好顺畅啊！

多连接
据称，5G通信的一个基站能同时连接的终端数是4G的100倍，这将使更多的用户和对象物体能同时接入元宇宙。

低延迟
5G通信的延迟可以控制在4G的1/10以下，由此在元宇宙内与人交流、多人协同游戏都能进行得更加顺畅。

专栏 1

元宇宙的未来①
一部可以通过观众视线移动改变结局的电影

随着VR技术的进步和元宇宙的普及,我们对电影、电视剧等影像作品的观赏方式也会发生变化。

2019年春天,一个具有划时代意义的VR电影项目落地,其故事的结局会根据观众的兴趣和关注点的不同而改变。观众的视线轨迹会被VR设备感应到,剧情的走向会根据观众的兴趣而自然发展。例如,在故事中同时登场的多个人物中,观众频繁地把视线聚焦于某一个人物的话,那么接下来就会自动筛选出以这个人物为中心的剧本推动故事发展。VR会让人感觉沉浸在故事当中,同时又能根据自己的喜好来改变故事的情节。这样一来,或许我们也能体验到自己作为故事人物现身于影视剧中的乐趣。

　　类似这样根据观众的兴趣和关注点设置多种结局的作品一般被称为"多重结局"作品。迄今为止也有过不少多重结局的作品问世。在作品看到一半时,屏幕上会出现一个选项弹窗,故事的走向会根据观众的选择而有所不同。在此基础上融入VR特有的沉浸感的话,人们将会享受到全新的影像体验。元宇宙的影像体验或许能带来超越现实剧场体验的身临其境之感。

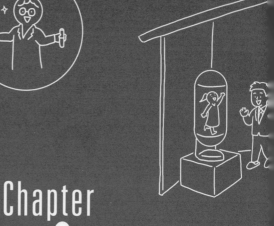

Chapter 02

第二章

图解元宇宙

元宇宙将会是下一个"杀手级服务"

元宇宙被称为开创未来时代的"杀手级服务"。元宇宙这个概念很早之前就存在,过去也曾出现过类似的服务。但是,为什么直到今天它才备受关注呢?下面就让我们一起来了解一下元宇宙在未来将如何蓬勃发展的吧!

关 键 词 → ☑ 《罗布乐思》

01 十年后，我们将迎来所有人汇聚元宇宙的未来

元宇宙将如何成为众多人的栖身之所？

据通信行业相关人士和娱乐专家预测，十年后我们将迎来"人人都习以为常地使用元宇宙的未来"。现在，元宇宙多应用于游戏等娱乐领域，但它蕴含着进一步拓展到商业和教育等领域的巨大可能性，日常登录元宇宙的用户数也将日渐增长。虚拟现实中的体育运动体验正在逼近现实体验，我们任何人在任何时候都能轻松享受运动的乐

2030年的元宇宙世界

购物
在现实世界中口碑上佳的服装制造商已经开始在元宇宙中开店了。

大型现场活动（体育、音乐等）
元宇宙的音乐演唱会比现实世界的现场演出带给人的现场感更强，因此备受关注。

这是刚发布的新产品！

竟然能在这么近的地方看演唱会！

这么快就买到啦！

随时随地都能踢足球，太好啦！

体育
虚拟现实中的体育运动体验正在逼近现实体验，我们任何人在任何时候都能轻松享受运动的乐趣，最近这一点广受关注。

趣，最近这一点广受关注。2015年下半年以来，《罗布乐思》（美国Roblox）、《堡垒之夜》、《集合啦！动物森友会》（任天堂）等3D游戏作为元宇宙的一个类型受到广泛欢迎。这些游戏陆续举行了一些音乐演唱会和大型活动。有些活动的规模在现实生活中是无法实现的，比如一场音乐演唱会能吸引超过1000万人同时参加。而在2021年，脸书（Facebook，已改名为Metw）等全球性信息技术公司都表示要进军元宇宙业务。与此同时，元宇宙配套的环境建设也在迅速推进。元宇宙的市场活跃度备受关注，不断有新的元宇宙服务发布，并有更高性能、更低价格的设备上市。元宇宙迄今只是我们享受娱乐时光的空间，可其中一旦出现了工作机会且经济活动活跃起来的话，新的企业就会不断参与进来。当各个领域的企业都能利用元宇宙提供多样化的服务时，聚集在这里的人的类型会越来越丰富，人数也会越来越多。

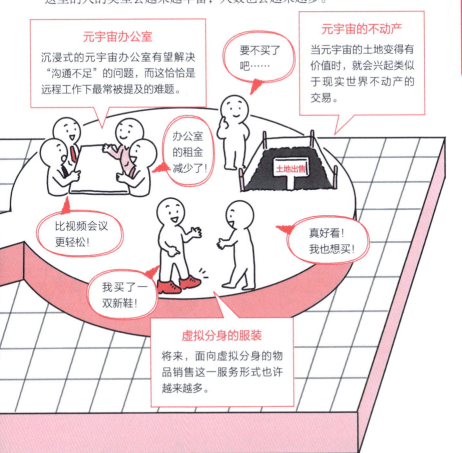

元宇宙办公室
沉浸式的元宇宙办公室有望解决"沟通不足"的问题，而这恰恰是远程工作下最常被提及的难题。

要不买了吧……

元宇宙的不动产
当元宇宙的土地变得有价值时，就会兴起类似于现实世界不动产的交易。

办公室的租金减少了！

土地出售

比视频会议更轻松！

真好看！我也想买！

我买了一双新鞋！

虚拟分身的服装
将来，面向虚拟分身的物品销售这一服务形式也许越来越多。

02 元宇宙将会是下一个"杀手级服务"

关键词 ➡ ☑ 学习成本、用户界面

02 优化操作环境，让任何人都能对元宇宙立刻使用自如

无须特意学习就能大致了解使用方法的用户界面能够降低用户的使用门槛。

为了元宇宙的普及，服务提供者必须跨过的一大门槛就是降低用户的学习成本。也就是说，服务提供商要解决如何"让用户习惯"自己的服务。对元宇宙的"操作环境"来说，最重要的是界面要对用户足够友好，让那些没有过虚拟世界体验的用户也能凭借直观感觉顺利操作。在

顺利融入元宇宙的理由

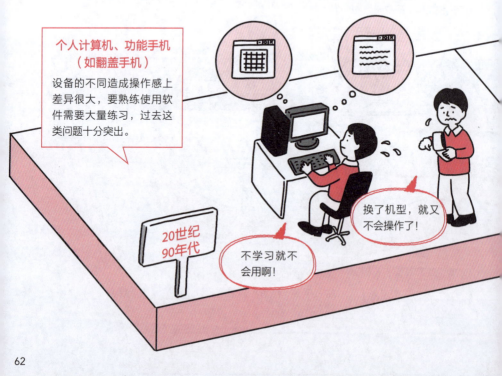

个人计算机、功能手机（如翻盖手机）
设备的不同造成操作感上差异很大，要熟练使用软件需要大量练习，过去这类问题十分突出。

20世纪90年代

不学习就不会用啊！

换了机型，就又不会操作了！

网络世界中，服务提供商可以巧思频出，自如地开发服务。但对用户来说就没有那么简单了。用户往往会在手机、电脑等一系列看上去似是而非的产品和服务之间踟蹰彷徨，以至于很多服务至今都未被人们接受。今后，为了降低学习成本，减少入门级用户认知负担，服务设计和画面（信息）设计的工作就变得尤为重要。近年来，由于服务端用户界面和用户端操作素养双方面的提升，整个社会是向更容易接受元宇宙的方向发展的。可以说，元宇宙今后能否作为一种社会基础设施存在，关键在于用户界面。

UI（用户界面）的变迁

智能手机兴起，向元宇宙迈进
随着智能手机的普及，再有便捷的触屏面板的加持，能够凭直观感觉操作的应用和服务越来越多。元宇宙的服务也将沿用这样简洁的用户界面风格。

关键词 ➡ ☑ 社群

03 元宇宙的向心力在于"社群"

元宇宙的魅力就在于用户之间形成的社群。

用一个字来简单概括元宇宙的作用的话,那就是"场"。对于用户来说,元宇宙之所以是一个有吸引力的"场",是因为他们能够与价值观相近的人建立社群,并在这里进行交流。不管是谁,虽然都需要有一些不参与任何集体活动且能一个人在VR空间中独处的时间,但我们始终一个人生活的话,终归和悄悄地写日记也没什么两样。元宇宙的向心

寻求沟通

力体现在各种积极的体验上，比如与其他玩家一起交流、购物，或者一起制造和销售一些东西。在这里，我们可以寻找那些符合自己社交期待的社群并加入，而正是这种乐趣吸引着用户。面对爱好和价值观相似的人，我们的沟通成本（为了不被误解而处处斟酌沟通方式）和交际风险（在完全没预兆的情况下和本来交好的对方发生争执）会大大降低。对于元宇宙的用户来说，使用元宇宙服务的动机莫过于能够加入一个在心理层面和社会层面都能带来安全感的社群了。

关键词 ➡ ☑ GPU、分辨率、帧速率

04 提升图形表现是蓬勃发展的关键

图形表现的提升是元宇宙能够受到普遍关注的一个重要条件。

进入21世纪之后，近似于实物拍摄画质的电子游戏才开始发售。20世纪80年代，家用计算机刚刚诞生的时候，家用游戏机还只是小朋友的玩具。电脑端的游戏也只是基于文本的游戏或键盘输入类游戏，而且当时只面向游戏发烧友。从20世纪90年代到21世纪初，图形专用处理器（GPU）的发展使视觉效果大大提升。而游戏玩家的年龄层也随之

促进元宇宙发展的图形技术

拓宽，人们开始认识到这是成年人也能享受的一种娱乐方式。技术发展到今天，我们能够实时控制的CG已经变得乍一看近乎于实物拍摄的水平了。这项技术的开发原本是为应用在游戏领域的，但如今它对于畅游元宇宙来说变得不可或缺。由于GPU和显示器的分辨率提升，4K、8K甚至16K的高画质图像都得以表现出来。而且，随着"帧速率"（即表示每秒钟刷新的图片的帧数）也不断提高，画面表现变得更加自然且流畅。这些都是推动元宇宙普及的有利因素。尽管元宇宙的概念和类似的服务在过去就已经出现，但这种图形性能的发展也是人们现在才开始关注它们的原因之一。

更高的分辨率
由于GPU（能够承担渲染功能的计算处理的半导体芯片）和显示器分辨率的提升，可以实现播放4K、8K和16K的高画质视频。

更快的反应速度
"帧速率"代表每秒钟刷新的图片的帧数。帧速率的提高使得大多数用户能够体验到更自然、更流畅的画面，特别是那些以毫秒为单位参与竞技的游戏玩家。

画质真好！

动作好流畅！

优美流畅的视频体验

关键词 ☑ 头戴式显示器、可支配时间、开发竞争

"沉浸式设备"的升级不断加速元宇宙发展

使用沉浸式设备，深入元宇宙的感受会更强烈。

在游戏机的性能还很低，只能呈现文字和线条的时代，就已经有人在享受那个时代特有的虚拟世界了。然而，当时能够享受游戏的前提是要有一定的知识储备，在此基础上还有很多地方是需要用丰富的想象力去完善的，因此只有一部分游戏迷才能够乐在其中。此外，如果只是谈及虚拟现实的沉浸感，很多人早就把小说当作一种娱乐体验过了。小说只是文字信息，却足以让我们沉浸在那个虚拟世界中了。如果我们能够

输入设备不断迭代

键盘、鼠标
最初我们只有键盘，而鼠标的出现扩展了输入的广度。

键盘和鼠标用起来噼里啪啦的。

细节操作更容易了！

游戏手柄（控制器）
自从电脑端也可以接入游戏手柄后，输入变得更加精细化。

看到、听到更多的信息，我们所沉浸的虚拟现实一定会变得更有魅力。今后我们需要一种搭载小型的头戴式显示器和高性能头戴式耳机的头盔设备，这种设备能让我们完全沉浸在虚拟世界中不受任何干扰。在我们的活动时间中，对可根据本人意愿选择行动的时间，即可支配时间的争夺将是一场长期的、持续的斗争。每一个服务提供者都在绞尽脑汁思考如何更长地占据用户的可支配时间。如果我们的娱乐和工作都在元宇宙中进行，设计一款具有强适应性的设备将是今后的一大课题。用户穿戴这样的设备，即使长时间使用也不会太疲劳，在穿上那一瞬间也丝毫感受不到异样。沉浸式设备的门槛会逐步降低，围绕它的开发竞争将会进一步增加元宇宙的用户数量和创新可能性。

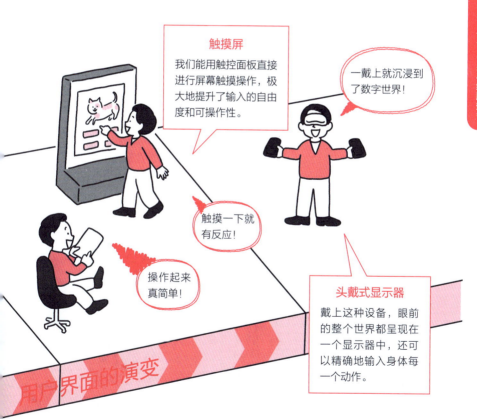

关键词 → ☑ 个人权利

06 沉浸在能让我们从现实世界的纷扰中解脱出来的世界

在元宇宙世界的交流中，不容易发生现实世界中常见的摩擦。

在现实世界中，人们常抱有各种不同的想法。在多样性和个人权利的重要性被广泛认可的今天，人与人之间沟通的难度不断增加。在现代社会，尊重自由渐成趋势。在这样的社会环境中，有些人即便身处纠纷之中也常常拿不出确定的解决方案，从而每天的生活都受困于精神的内耗。现今的社会对多样的价值观更具包容性，其不好的一面是导致我

现实世界的生活越来越窒息？

结不结婚都是我的自由！

发型、着装是一种自由！

不就业是我的自由！

尊重自由的时代

们和他人发生冲突的风险不断增加。在社交网络上,我们会被志同道合的伙伴包围,这无意间既能满足我们被认可的需求,又收获了自我肯定感。社交网络的本质是切断了我们与价值观和秉性不合的人之间的联系,只和"三观"近似的人建立起社交圈。在这个过程中,我们从一个大的社会集团中挑选出那些冲突风险较低的人,来营造一个舒适的、密闭的社交空间。现在大部分人会把生活的基础性事务及工作、学业等社会生活放在现实世界中做,而挤出私人时间来访问虚拟世界。但是,如果在虚拟世界中有一种服务可以完成工作、学业甚至恋爱,那么我们沉浸其中的时间一定会更长。在这个尊重自由的时代,每一个心怀苦闷的人,都会对元宇宙抱有深深的期待。

关键词 ➡️ ☑ 视频会议、远程模式

07 疫情下兴起的"远程模式"
有元宇宙加持会更便捷

新冠肺炎疫情使得"远程模式"成了我们最熟悉的选择,这也增加了元宇宙普及的机会。

在这场新冠肺炎疫情中,我认识到除了现实会面以外,还存在其他"面对面"的方式。视频会议系统爆发性地普及,在职场和学校尚一片混乱的状况下步步为营地探索出一条应用途径。但是,有的人只是盲目地将以往的开会方式照搬到视频会议中,从而造成了诸多不便。此外,也有人把握住了远程模式的特点,挖掘其效用而不断取得成果。我们在这一点上能看到两者的不小差距。概观所有远程模式引入元宇宙要素的例子,它们都发挥出了远程模式所特有的优点。越来越多的人关注到身

新冠肺炎疫情揭示了远程模式的可能性

视频会议、一起观看体育比赛

处同一场所和面朝同一方向的重要性，纷纷开始使用虚拟分身聚集在虚拟空间里工作、上课，或者参加大型活动。虽说在虚拟现实里，但身处工位井然有序、个人存在感满满的虚拟办公室中，我们经过他人身旁闲聊上两句的样子都好像现实中办公室发生的那样。如果我们不一定非要同别人在现实中见面，就可以有策略地选择见面或不见面。虽然现在远程模式还只是一项特定的业务，但随着技术升级，对象的范围会不断扩大。如果能延长人们在虚拟现实中度过的时间，那么我们所做的就不仅仅是将现实中的公司业务照搬到虚拟现实中去完成，将来还会有很多工作必须要我们在虚拟现实中完成，甚至有些工作只存在于虚拟现实中。

元宇宙促进远程模式发展

元宇宙中的办公室
元宇宙中的体育场

关键词 ➡ ☑ 交互式、优于现实

08 颠覆"现实世界足矣"的价值观

元宇宙中蕴藏着"高于现实的价值"。

当元宇宙成为一种基础设施时,人们身处其中的时间会更长。虽然现在也有人长时间访问社交网络,但建成后的元宇宙将完全成为"另一个世界",其中不仅有工作场所和学校,娱乐和休闲的场所也十分齐备。如果仅仅作为现实世界的翻版,我们就没有必要特意花费那么多时间和金钱把这些设施都引入到元宇宙世界中。你可能会认为"现实世界足矣",但是元宇宙不会只追求接近真实。元宇宙的目的是创造一个

优于现实的体验

太容易理解了!

这是正在建设中的大楼,大小与原尺寸一样。

一座大楼突然出现在眼前啦!

在元宇宙中做演示汇报时,我们可以让一座建设中的大楼以原尺寸复刻到眼前,这是在现实世界中无法实现的事情。

"超越现实的、更舒适的空间"。在元宇宙中,我们常见的内容所带来的每一个体验可能都和现实世界是一样的。但是,如果元宇宙中的方方面面都变得比现实生活更为舒适、便捷一点呢?那些日常生活中我们早已习以为常的压力,在这个世界中被一点点地消解掉。上课时,我们可以用交互式教材来学习,即使我们屡次犯错,关照我们学习的虚拟分身也不会因此生气。在工作中,我们也能完成效果更好的演示汇报。读书也好,艺术鉴赏也罢,如果我们能获得优于现实的体验,我们的观念就会为之一变,就不会再觉得"元宇宙若仅仅是现实的替代品,那现实就足够了"。

关键词 ➡ ☑ 《堡垒之夜》、射击游戏

09 在游戏世界里，现在最接近元宇宙的是什么？

在线对抗游戏《堡垒之夜》被认为是目前最接近元宇宙的一款游戏。

2017年上线的网游《堡垒之夜》最初是一款与其他用户组队作战的射击游戏。在精致的3D画面中，玩家可以体验到非常震撼的战斗场面。但随着射击之外的很多新玩法的普及，它变成了一款被认为最接近元宇宙的游戏。例如，在非战斗模式下，用户可以与其他玩家用文字或语音聊天，还可以给角色换装或装扮道具，以自己喜欢的方式来畅玩游

最接近元宇宙的游戏

《堡垒之夜》

2017年Epic Games发布的一款在线射击游戏。该款游戏支持电脑、家用游戏机等所有平台，吸引了来自世界各地的游戏迷。

它是在各种场景下作战的射击游戏！

《堡垒之夜》是什么？

戏。在这样的大系统里，志同道合的玩家组成小团体会玩得很开心。玩家可以把关注点放在虚拟分身的外观上，也可以玩捉迷藏等其他游戏，甚至还能悠闲地眺望这个世界。也有艺术家利用这一功能，在游戏中举办演唱会或现场表演活动。这里既像主题公园，又像步行街，自由而轻松，这样享受虚拟现实的方式颇为人们所喜爱。在现实中想要聚会，往往会受制于出行时间、交通成本、身体原因等因素，但在这里你只需要登录一下就可以了。更重要的是，《堡垒之夜》并不是简单地复制现实或向下兼容，而是作为另一个同样有价值的世界存在的。在这里你不仅能做到现实中做不到的事，同时还能获得超越现实的体验感。

多样的游戏模式吸引用户汇聚于此

Party Royale（派对模式）
在这个模式里，玩家们可以在岛上玩一些小游戏或举行活动。2020年这里举办了知名艺人的音乐演唱会。

Creative Mode（创造模式）
在这个模式里，玩家们可以在各自所在的岛上创建自己喜欢的游戏内容，也可以邀请其他玩家来充满个性风格的岛上玩。

射击游戏之外的一面

关键词 ➡ ☑ 创造模式

10 《堡垒之夜》独占鳌头的秘诀是什么?

完善的交流功能,无完结的游戏设计,都深深吸引着用户。

《堡垒之夜》之所以能在很长的一段时间里不断获得用户支持,一般认为有以下几个原因。首先,游戏中除了有射击游戏原有的对战模式,还有不需要参加战斗的创造模式和派对模式。在创造模式里,我们可以专心投入到建筑的建造中,以此来度过悠闲的时光。此外,角色的服装种类丰富,身体语言和舞蹈都能很自由地传达玩家的思想感情。战

《堡垒之夜》受欢迎的原因

造型多样
这里有很多皮肤(服装),可以选择独特的造型玩游戏。

E-mote(动作渲染)
我们可以使用身体语言、舞蹈等动作渲染来表达丰富的感情,与其他玩家进行交流。

语音聊天
作战时连麦协助或者闲聊,这些用声音相互交流的功能很受欢迎。

完善的沟通功能

斗本身的设计也极具吸引力。由于游戏没有设置完结，玩家们就不会因为击败最终敌人游戏通关而放弃游戏。对于用户个人而言，什么样的世界才是最有舒适体验的呢？游戏运营方并没有事无巨细地替用户来做决定。这款游戏能够作为成功的范例，恰恰因为它满足了每个用户的不同需求。这款游戏操作难度低，儿童和老年人都能轻松掌握，前期的硬件成本也不高，而且游戏氛围不局限于打打杀杀。因此，该款游戏能够获得很多不想接触同类型其他游戏的忠实用户。

关键词 ➡ ☑ 《第二人生》、林登币、投机对象

11 领先元宇宙近 20 年的服务是什么？

可以说是元宇宙先驱的《第二人生》早在约 20 年前就诞生了。

《第二人生》是林登实验室运营的虚拟现实服务。该服务于 2003 年推出，尽管关注度一直不高，但该服务一直运营至今。在当年，《第二人生》的划时代意义在于它是一项"没有设定特定目的"的服务。虽然有人也会将它归为游戏一类，但是将其描述为"单纯为了在那里生活的另一个世界"可能更为确切。在那里，有人只是为了聊天，有人是为了参加在虚拟现实里举办的活动，有人则只是为了通过虚拟现实尽力使

令用户意识到"虚拟现实世界"的服务

《第二人生》
林登实验室于 2003 年开始运营的虚拟现实平台。在这里，用户可以构建自己喜欢的空间，并与其他用户（虚拟分身）互动。独立货币"林登币"与现实世界中的美元挂钩。"虚拟现实中的经济活动"在当时罕见，因而引起了很大的关注。

第二种人生！

元宇宙的先驱？

自己的生活更充实一些，大家的目的各不相同。可即使想要建造房子、进行精致的装修，也不是所有人都能建造出符合自己心意的有品位的建筑。于是在服务中就产生了一个善于设计和工程建造的人以专业技能获利的市场。虚拟现实货币"林登币"与现实中的美元挂钩，可以兑换为现实货币，这对用户的观念是不小的冲击。这就不仅仅是社交网络这样的交流工具了，而是实现了"走进其中""在其间生活""在那里赚钱"的构想，可以说领先了元宇宙近20年。不久之后，虚拟现实中那些公认的高质量工程开始进行高价交易，一时间作为投机对象被广泛报道，引发了不小的热议。

关键词 ➡ ☑ 低多边形图像、规模经济

《第二人生》为什么日渐式微

《第二人生》虽然凭借新颖的构思备受关注，但当时的技术水平和社会状况成了留住用户的障碍。

《第二人生》迅速迎来衰退期有几个原因。一个是当时的图形和通信技术还做不到以极其逼真的影像效果来表现虚拟现实场景。它的3D模型是凹凸感很强的，也就是所谓的低多边形图像，表现手法也远没有现在这么丰富。哪怕是在当时看来，它的图像风格看上去也都接近更早期的游戏。它没能提供足够的表现细节，能够让成年人也觉得"我

问世过早的服务

在虚拟现实中自由生活的概念在当时是很新颖的。

这样有趣的服务，真是前所未有。

《第二人生》于2003年开始运营
2003年，《第二人生》由林登实验室开始运营。

但是处理速度有点慢啊！

想长时间待在这儿,这里值得我花时间"。即便如此,仍然有一部分用户乐在其中,开始将各种类型的服务作为一种职业来精心运营。一部分游戏作品成为投机的对象,而且我们已经看到了它们成为新经济圈的可能性。可是,一切获利行为都逃不开规模经济的法则,虚拟世界也概莫能外。然而,《第二人生》的用户规模并不足以支持其形成规模经济。据说,其中的广告商虽然投放了很多广告,但没有获得想象中的广告效果。《第二人生》的确为我们展示了虚拟现实的诸多可能性,却终归无法成为长时间承载商业世界观的载体。

关键词 ➡ ✅ NFT、非同质化代币、唯一性、数字资产

13 有一种观点是 NFT 在元宇宙世界中是不可或缺的

也有企业认为宣示数字作品原创性的 NFT 对于元宇宙来说是必不可少的。

NFT是"非同质化代币"（Non-Fungible Token）的缩写，是构建在区块链基础上的一种数字数据。过去，由于数字数据可以被大量、无损复制，甚至可以被随意篡改，导致歌曲、乐器演奏的录音和数字图像数据等资产价值变得非常低。NFT是一种主张在区块链上进行数字资产的所有权认证的技术。用户可以通过NFT尝试记录并确认数字资产的历史信息，比如这条数据是何时、由何人经手留存的。但目前，这

数字数据易于复制

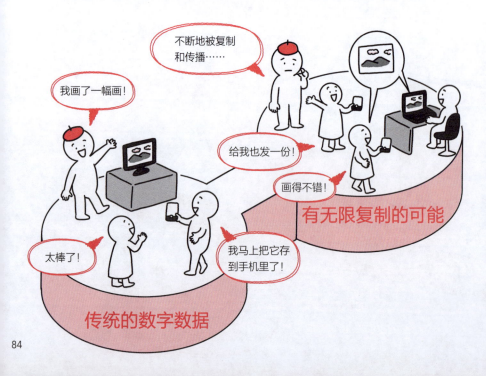

种代币的唯一性识别还只限于特定条件下才有效。例如，假设原始的艺术作品既有真品又有赝品，那可能有人会把赝品进行NFT艺术品化处理，也可能有人把从作者处偷来的真品进行NFT艺术品化处理。此外，唯一性的证明也只在同一个区块链内是有效的，因此一件作品分别在区块链A和区块链B中进行双重NFT化也是有可能的。所以，它还不能作为作者的身份担保。既然数字资产的买卖可以在元宇宙进行，那么就需要一种为之设计的便捷安全的支付方式。将来，我们在元宇宙中会有很多通过工作获得收入的机会。但是，NFT和区块链是否真的可以与之兼容还有待我们谨慎研究。

NFT使数据具有唯一性

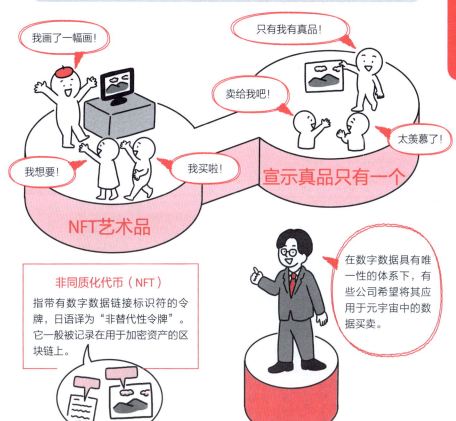

关键词 → ☑ 虚拟分身

14 元宇宙中诞生的新生职业有哪些?

当我们在元宇宙空间里畅享舒适生活时,所需的一切技术都有可能成为一种职业。

当我们想要一个外观与本人相似的虚拟分身时,以手边的软件和现成的设计技能就能达到满意效果是再好不过的。但实际上,能按自己的设想做出虚拟分身的人恐怕不多。对那些追求原创形象的人来说,哪怕花钱也想买到虚拟分身穿着的服装和小饰品吧。有观点认为,在元宇宙中人们能从肉体和社会立场等固有属性中解放出来,那么相应地就会追求自我肯定感和自我效能感。通过花钱来解决问题,这一点和现实世界是一样的。那么,在元宇宙中有什么新的要素呢?我们认为那就是所

元宇宙带来的需求

有对虚拟世界进行改善的技术。工程师、导演、艺术家等职业都会以更贴合元宇宙的方式调整升级。在元宇宙中，我们想成功举办一场音乐会或进行一次相亲，就会产生对导演和相亲顾问的需求。我们要在元宇宙中创建物品，并赋予其细腻的动作，程序员也是必不可少的。在元宇宙中，我们需要有人能制作3D动画，有人能制作精美的3D物体，有人负责活动的宣传和接待，有人能担任参会人员的管理者，这些工作都需要了解元宇宙特有的知识。如此说来，在元宇宙中可能发生的所有问题都能成为商机，这一点和现实世界完全一样。

关键词 ➡ ☑ 线上教学、Labster、更丰富的学习路径

15 元宇宙在教学上的应用是什么样的？

与元宇宙在娱乐领域的应用齐头并进的是元宇宙在教育领域的应用。

新冠肺炎疫情开启了"线上教学"模式。我们不在教室也能上课，这是一个很大的进步。但元宇宙在教育上的应用，有着当前线上教学模式无法比拟的优势。在VR和元宇宙中，我们不仅可以做到知识的传授，更重要的是将"体验"传递给每个学生。在元宇宙中，学生有机会获得传统课堂上难以实现的丰富的个人体验，比如能近距离认真研读珍贵史料、亲身感受罕见的自然现象、安全地进行实验等。我们通过使用VR眼镜和手套式设备，获得更逼近真实世界的体验，而且不用接触危

在元宇宙上课比在现实世界上课更方便

在现实世界里全学校只有5名学生，而在元宇宙里大家能一起学习！

比现实世界的学校设施更完善！

平等的教育机会

险的器材和药品就可以进行实验。现今，应用VR的教学平台Labster作为成功的范例已经广为人知。全世界有300万个大学生和高中生在使用这个平台。它不仅提供物理、化学、生物学等领域的教材，还可以让学生在VR空间内用交互式教材学习知识，并能体验科学实验和植物栽培等过程。因为是虚拟教学，所以中途失败的话只要重置就可以一直重做。Labster实现了只要有网络环境，无论我们身在世界何处都能使用同样的教材。因此，它在消除教育不平等方面的贡献可期。Labster的教材利用了虚拟的优势，比如能将分子模型放大到了用手可以拿着的尺寸。这种超越现实的惊喜体验不仅提升了学习效果，还有助于探索更丰富的学习路径。

关键词 ➡ ☑ 虚拟市场、3D数据

现实中无法实现的大规模"虚拟市场"

"虚拟市场"是一种兼具虚拟世界的自由度和现实世界的偶然性的交易场所。

在虚拟现实中进行展示和销售虚拟物品的"虚拟市场"的一次活动动辄100万人参加。在这里人们可以以散客的身份购物,也可以卖家的身份出售原创3D数据。除了参展商品是3D数据,以及会场和参加者是通过虚拟现实的虚拟分身参与交易,虚拟市场与跳蚤市场没什么区别。由于摆脱了物理上的限制,参与人数的限制和到会场的出行成本都可以

汇聚虚拟物品的市场

这是一次创下超100万人到场纪录的大型活动。

这里有很多商品展销商。

虚拟市场
这里展销的虚拟物品众多,是虚拟现实最大的市场。参与者可自由品鉴、购买参展物品。

忽略不计。在虚拟市场中，人们不仅可以直观地看到虚拟化服装和角色会用到的3D数据等，还能与制作者一边交流一边试穿和选购。试穿或试用，如果喜欢就买下，这套流程和现实中的购物一模一样。这类活动刚开始是为了创造机会让创作者和用户见面，但随着举办规模一次比一次大，渐渐其规模变得远超现实世界的活动规模。由于这是一个数字空间，所以世界各地的人都可以访问。有些活动最初是以日语开展的，但由于海外用户的增加，活动也开始采用英语进行。这种对新事物的敏感度也可以成为企业的宣传点，因此参与企业的数量也在不断增加。

市场无限广阔

关键词 ➡ ☑ 虚拟会议室、VRChat

17 完胜视频会议的元宇宙会议什么样？

与会者都能感觉同处一个会议室空间，有效解决了视频会议无法填补的疏远感。

以往最常见的会议形式是面对面洽谈，如今Zoom等视频会议系统也成了人们的备选项之一。虽然视频会议已经很方便了，但在虚拟世界里办公和开会的效果会更胜一筹。与视频会议相比，虚拟会议室的沟通

消除视频会议的疏离感

视频会议的缺点

会更自然。例如，我们可以通过"VRChat"创建一个会议室。在VR空间里，我们不仅能知道每个人的位置，还能使周围的人感知到我们抬头、点头、歪头等细微的反应。有调查结果显示，说话方式和视线等非语言因素能够促进更自然的沟通，因此也更容易传达会议的意图。与视频会议相比，元宇宙会议本身的质量也更高。在视频会议上，所有人都需要正视摄像头，这种不自然的状态往往要持续很长时间。但随着元宇宙服务在商务领域的不断推进，开会将变得更加顺利和自然。

关键词 → ☑ MMORPG、主要目的是聊天

18 元宇宙首屈一指的"杀手级"内容是"闲聊"

无论是不玩游戏的人，还是工作原因不用元宇宙的人，每个人都喜欢的事情就是闲聊。

从互联网发展初期开始，使用网络论坛进行闲聊就是很多用户最喜欢的网络服务。无须等到元宇宙世界竣工，今天在MMORPG（一种大型多人在线角色扮演游戏）中，玩家们聚在游戏空间里最喜欢的就是畅所欲言。无论是猎杀怪物的游戏，还是建造漂亮庭园的游戏，用户们都

有些用户的主要目的就是"聊天"

享受着聚在一起的闲聊时光。不管在多么吸引人的游戏和服务面前,只要有人的地方就有闲聊。所以即使是在元宇宙,闲聊也可能成为强有力的"杀手级"内容。在元宇宙,人们通过虚拟分身的动作和视线来表达心情,这样的环境可能比以往的网络服务更容易让人去闲聊。事实上,即使是《堡垒之夜》这样以战斗为主的游戏,也有很多用户的主要目的是聊天。未来随着元宇宙沉浸式体验的不断进步,闲聊会变得越来越惬意。比起文字聊天和只能看见一个个用户头像的视频会议,人们会更愿意来到元宇宙找人闲聊。

关键词 ☑ 疫情防控、避免被社会孤立、防止环境被破坏

19 元宇宙可解决新冠肺炎疫情和环境问题?

元宇宙中也蕴藏着解决社会问题的可能性。

新冠肺炎疫情之下减少与他人的接触尤为必要,元宇宙的普及一定会有助于疫情防控。虽然疫情趋于平稳,但元宇宙的普及和完善是应对下一次传染病的有效解决方案。此外,元宇宙可以让我们在广阔的世界中发现适合自己的社群,有效避免被社会孤立。有些人苦于在现实世界

元宇宙是社会问题的解决方案?

疫情防控

那我开始做演示汇报啦!

这里会建成这样的街区。

拜托你了!

元宇宙符合社会的疫情防控要求。

中找不到"自己的栖身之处",如果他们能在元宇宙找到理想的社群,在那里度过生活中的大部分时间,那么就能使那些因无法适应现实世界而产生孤独感的群体减少。并且,也有人希望能利用元宇宙防止环境被破坏。例如,我们可以通过元宇宙旅行来减少出行产生的尾气排放,还可以通过消费活动向虚拟商品进行产业转移来减少资源的消耗。如此一来,元宇宙的普及也能达到符合社会需求的效果。

关键词 ➡ ☑ NFT、《沙盒游戏》

"元宇宙投资家"
——新时代的亿万富翁？

不管是在现实中还是虚拟中，多数人没有的稀有物品，只要有需求就有可能增值。

在《第二人生》里，"虚拟现实中的经济活动"一度十分红火。其中，备受关注的是在NFT狂潮之下元宇宙内的物品被赋予高价，数字绘画艺术品被高价转卖等事件。在游戏世界里，通过租赁强大的角色获得佣金，以及在虚拟现实中买卖"虚拟土地"等行为也逐渐成为热潮。

所谓NFT带来的市场

租赁游戏角色的用户是那些前期投入的时间成本有限,却想要快速在游戏战斗中获得战果的人。虚拟空间里的土地也同样炙手可热,在美国开发的NFT游戏《沙盒游戏》中,土地"LAND"每每都是发售短短几秒钟就被一抢而空。从目前的情况来看,多数用户为"投机型",选择先买入再等待升值。不管在现实世界还是在虚拟世界,尽早发现大部分人可能想要的东西,并获得其所有权,就可能会诞生亿万富翁。

元宇宙炒热"不动产投资"

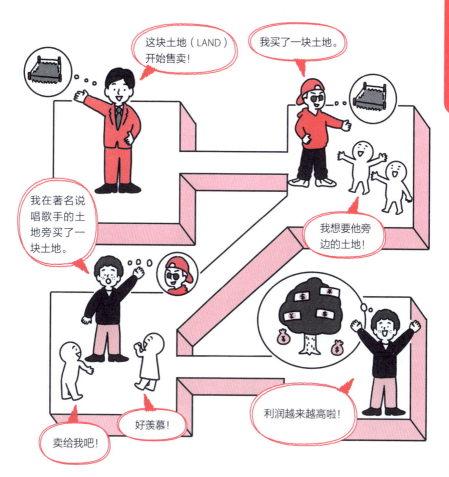

关键词 ➡ ☑ 平台、大型科技公司

"内容创造者"迎来商机

成为元宇宙服务商很难，但每个人都有机会成为内容提供者。

想要成为元宇宙服务商，需要庞大的商业规模，普通用户难以承担。要搭建元宇宙平台，需要投入大量资源进行世界观构建，并要追求服务的真实感和可及性，是一项繁重的任务。像GAFAM（谷歌、苹果、脸书、亚马逊和微软）这样的大型科技公司才有能力搭建这样的平台。但这并不意味着，除此之外的商家和个人就无法获得商机。大型科

有人聚集就有商机

GAFAM一家独大？

技公司搭建的平台会吸引大量用户。如果平台给这些用户一个能提供内容和服务的位置，不管是谁都可以获得商机。如果用现存的广泛使用的主流服务来类比的话，其构造就如同在视频平台YouTube上聚集了大量用户、广告商等群体，视频发布者能从中获得商业上的成功。我们在元宇宙时代取得商业成功的关键在于，在依托于大平台建成的元宇宙中有大量用户聚集的前提下，我们能否找到自己在其中的价值。

专栏 2

元宇宙的未来②
《第二人生》重启，创始人回归谋求东山再起

第二章中介绍了领先于时代的网络游戏《第二人生》。2022年1月，运营方林登实验室宣布创始人菲利普·罗斯代尔（Philip Rosedale）将以战略顾问的身份回归。

据悉，林登实验室在罗斯代尔回归后，将致力于拓展《第二人生》的相关业务。今天，技术的进步、社交网络的出现、新冠肺炎疫情等让社会更容易接受元宇宙，因此《第二人生》的"重启"备受关注。

此外，罗斯代尔认为，依托大型科技公司并以广告为主导构建的元宇宙世界，并不一定是美好的。他表示，"我们不应该让元宇宙变成反乌托邦的世界"。

对于最早向世人展示元宇宙世界的《第二人生》来说，"数字乌托邦"又应该是一种怎样的存在呢？

《第二人生》向我们展现出"另一个世界"的可能性，并且吸引了众多用户。即使在度过鼎盛时期后，它也在不断进行升级，例如2014年开始兼容Meta公司的VR头戴式设备Oculus系列。并且，其月活跃用户近年来呈上升趋势，已接近百万。不管是否了解《第二人生》曾掀起的热浪，我们都无法忽视其今后的发展。

Chapter 03

第三章

图解元宇宙

生活在虚拟现实中的未来

元宇宙与以往其他服务的不同之处在于，我们在那个世界中生活真的会变为可能。在虚拟现实中，不管是游玩、工作、恋爱，统统可以做到。让我们一窥虚拟现实中的未来生活吧！

关键词 ➡ ☑ 生活在虚拟世界

"回归真实世界"的必要性在减小

我们可以将生活的重心转移到元宇宙吗？

如果元宇宙就这样发展下去，你能想象出一个怎样的未来呢？这和元宇宙本身的魅力息息相关。就像前文多次提到的，将来的世界将会实现"现实与虚拟的结合"和"生活在虚拟世界"。例如，学生在放学回家的路上说"待会见"时，一般我们会联想到在咖啡馆、家庭餐厅等

我们在现实世界与虚拟现实之间的切换会减少吗？

现实世界的场所见面。相反,对于早已对数字世界习以为常的人来说,理解成"在网络论坛或网络游戏中见面"一点也没有问题。此外,现在年轻的数字原生代还会使用社交网络、即时通讯软件的视频通话功能来"见面"。网络论坛、社交网络、游戏等虽然也是一种虚拟世界,但是元宇宙的密度更高、范围更广。今后,"放学后约在虚拟现实世界见面"对普通人来说可能也会变得司空见惯。在现实生活中,我们会有身体上的局限、资金上的限制等各种束缚,但如果生活在虚拟世界的话,也许可以从这些束缚中解脱出来,过上更加快乐、充实的人生。现在,我们尚难以将现实生活的重心转移到元宇宙,但在将来我们或许可以选择除了吃饭和上厕所等,其他时间都在元宇宙度过。

03 生活在虚拟现实中的未来

关键词 ☑ 闭环、过滤气泡

02 我们能够自由选择舒适的社群生活

在广阔的元宇宙世界中，我们能够选择适合自己的社群。

在现代社会中，社交网络平台在我们的人际关系中占据中心地位。开放式的使用环境让我们更容易建立与陌生人之间的联系，并以一种相对简单的方式构建和保持这种关系，还可以快速、广泛地传播各种各样的信息。但是，由于这样的环境中包含大量不确定交际因素，也会存在因小事而爆发大量负面评价，乃至遭受人身攻击的风险。另一方面，在现实世界中，我们能遇到的人是有限的。虽然引发大量负面评价的可能

更令人舒适的"元宇宙社群"

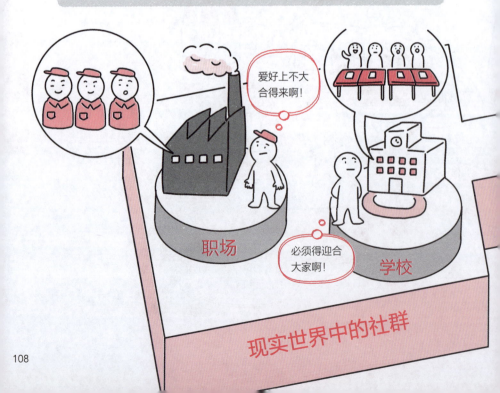

性很低，但是也很难找到有相同价值观和兴趣上志同道合的人，难以建立和维护人际关系。以闭环式社交网络为基础发展起来的元宇宙在人际交往上会为我们提供完全不同以往的范式。由于元宇宙空间广阔，所以可以有形的方式设计出闭环空间。这样的环境就像社交网络的过滤气泡一样，我们能和自己志同道合的伙伴们聚集在一起，生活在舒适的社群中。在这样的社群里，我们既能体验到与现实世界相近的现场感和存在感，又能通过虚拟分身获得一定的距离感和心理上的安全感。在与世界的联系中，我们能找到拥有共同价值观的小伙伴，同时又能在谨慎地排除了不适因素的世界中度过舒适的时光。在元宇宙，我们能够自由选择并生活在这样的社群中。

关键词 ➡ ☑ 在虚拟现实中解决、渗透到生活的方方面面

03 从工作到游戏都能在元宇宙中解决

随着元宇宙的发展，每一个行为都将成为虚拟现实，每一天的到来都将超乎想象。

元宇宙可以实现我们创建理想中的世界的愿望。虽然元宇宙有接近现在社交网络的一面，但社交网络目前充其量只是我们生活中的一部分。对于大多数人来说，因为还要面对现实的工作和学习，所以无论如何都需要回归到现实中去。但是，如果元宇宙照现在势头发展下去，那么将来无论是工作、学习还是其他的休闲活动都将可以<u>在虚拟现实中解</u>

在元宇宙中无法完成的事情屈指可数？

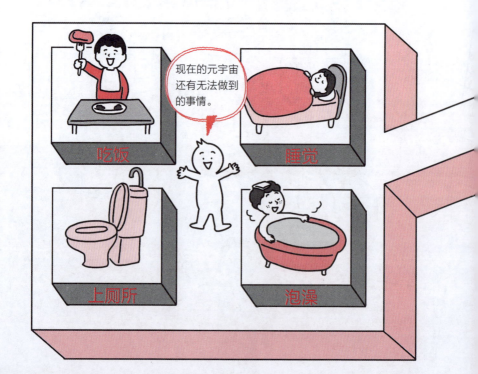

现在的元宇宙还有无法做到的事情。

吃饭　　睡觉　　上厕所　　泡澡

决。如此一来，将会有更多的用户选择在虚拟现实中解决一切。如今，人们选择在网络游戏等平台中而非在现实中相聚，这种事情已经很常见了，而且还在持续增加。最初的元宇宙世界应该会以游戏、语音聊天等交流形式开始，其最终的发展目标会渗透到生活的方方面面。用户经常性地停留在元宇宙中可以为服务商创造更多的商机。用户在元宇宙中的生活也将会更趋个性化，比在现实世界中更加舒适。虽然现在还有许多元宇宙无法做到的事情，但随着元宇宙用户的增加及相关研发的推进，未来将会诞生更多超越我们想象的新技术和新服务。我们会迎来长时间生活在元宇宙中的日子。

关键词 ☑ 具身化互联网

漫无目的地"待着"就行的元宇宙世界

我们可以带着明确目的在元宇宙中畅游,也可以将其视为一个栖身的空间。

现在有一种说法是将元宇宙理解为"MMORPG"的延伸。MMO（Massively Multiplayer Online）意为大型多人同时在线；MMORPG指服务器可以容纳大量玩家同时在线进行RPG（角色扮演游戏）。MMORPG与元宇宙有很多相似之处，比如自己扮演的虚构角色类同于虚拟分身的存在形式。不仅是RPG，其他可以容纳大量用户同时在线的

越来越多的人想要漫无目的地待着

游戏大多都不只有游戏一个功能,还具有可以与游戏玩家进行社交的功能。有不少用户表示,他们即使登录游戏也不玩,每天的任务就是与其他用户闲聊几个小时。由此我们也可以认为,这种在MMORPG的基础上附加了游戏功能以外的东西,让用户能没有特定目的地停留在虚拟的世界中,这本身就是元宇宙世界。那么,在元宇宙中值得我的关注的新元素是什么呢?Meta(改名前为Facebook)首席执行官马克·扎克伯格将其称为"**具身化互联网**"。例如,元宇宙不是仅由一家企业创建的服务,而是由多家企业相互协作创建的,其中最重要的功能是让用户能够利用身体的感官在元宇宙中徜徉。当"具身化互联网"得以实现时,就会诞生一个超越传统游戏范畴的元宇宙独有的新世界。

元宇宙是我们的栖身之处

没有特定目标的人

元宇宙中除了有投入大量时间和资金的骨灰级玩家和比较享受的普通玩家,还有没有特定目的,仅将元宇宙视为一个"栖息地"的群体?这也是元宇宙的重要特征之一。

关键词 ➡ ☑《集合啦！动物森友会》、虚拟现实

05 体验生活在游戏世界里的感觉
——《集合啦！动物森友会》

这是一款可以让我们理解"生活在虚拟现实"的内涵的游戏。

　　Nintendo Switch的游戏《集合啦！动物森友会》（简称"动森"）2020年3月一经推出就大受欢迎。截至2021年年底，这款游戏在日本国内的销量已经超过1000万，全球销量接近4000万。"动森"的玩家可以"移居"至无人岛，享受岛上的生活。一般游戏都会设置一个故事情节，给玩家一个明确的游戏目标，比如设置解谜、闯关等游戏环节，但"动森"中没有这样的设定。正如其广告语所说，"因为什么都没有，所以什么都做得到"。它的确没有给玩家设定任何目标。从建

"动森"掀起一股潮流

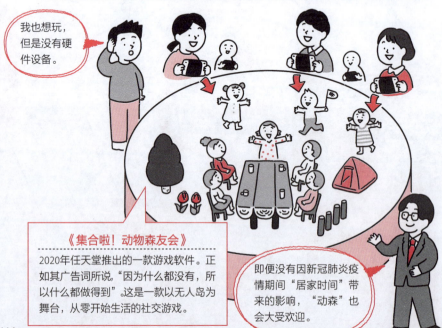

我也想玩，但是没有硬件设备。

《集合啦！动物森友会》
2020年任天堂推出的一款游戏软件。正如其广告词所说，"因为什么都没有，所以什么都做得到"。这是一款以无人岛为舞台，从零开始生活的社交游戏。

即便没有因新冠肺炎疫情期间"居家时间"带来的影响，"动森"也会大受欢迎。

造房子、打造庭院、制作衣服到买卖商品、采集物资，在游戏中玩家可以随性自在地和世界互动。在"动森"中玩家甚至也可以仅仅眺望大自然。它不只是一款游戏，更是玩家实现理想生活的另一个世界，具有十分浓厚的<mark>虚拟现实</mark>色彩。"动森"中的生活与现实世界截然不同，它是一个虚拟现实的世界，比如玩家在这个世界钓鱼时，完全不需要体会现实中钓鱼的各种辛苦，体验到的只有乐趣。此外，"动森"的玩家每人拥有一个小岛，还可以去其他玩家的岛上游玩。另一方面，为了避免争执、冲突、蓄意骚扰等情况发生，游戏也煞费苦心地进行了特别设计。"动森"创造的元宇宙就像社交网络上的过滤气泡一样，玩家不会被他人困扰，是理想中的虚拟现实形式。

"动森"到底是不是游戏？

关 键 词 ➡ ☑ 新型商业模式、元宇宙中的收入

06 元宇宙中的工作什么样？

我们常说有人聚集的地方就有商业，在元宇宙中也产生了新的工作。

上文提到的《集合啦！动物森友会》（以下简称"动森"）是一种元宇宙，其另一个特征是诞生了新的商业。此前的MMORPG内，也有人从事"交易工作"，比如通过商品买卖赚取游戏虚拟货币，或者通过现实货币进行游戏货币交易（通称为RMT，在很多游戏中都是明令禁止的），但这些"交易工作"说到底还是要依托游戏的交易系统。英国的

"动森"中的室内设计师

招募"动森"家居设计顾问！

"动森"里的室内设计咨询服务。时薪最高40英镑。欢迎有室内设计工作经验的人才。

真的吗？

看起来很有意思！

游戏里的咨询服务？

现实世界中的室内设计公司
在现实世界中，英国一家从事室内设计的公司开始招募专门面向"动森"的咨询顾问。

室内设计品牌Olivia's推出了针对"动森"里的住宅和家居提供专业咨询的服务。在"动森"中，我们可以随意改变自己家的外观和室内装饰，并将出色的设计展示在社交网络等平台上，也会收获大量关注。但是，如果要按照自己的想法实施设计，就需要大量的时间和一定的品位，但我们很多人根本就不知道该如何打造精美的家居装潢。这种时候，Olivia's公司能够提供和现实中室内设计师一样的服务，和客户进行交流并提出设计建议。只是这些交流都不是在现实世界进行的，而是在"动森"中进行的。不仅是"动森"，在各种各样的元宇宙内也出现了新型商业模式和职业。或许很快就会出现依靠元宇宙中的收入为生的群体。

关键词 ➡ ☑ VR睡眠、修学旅行之夜

07 在虚拟现实中入睡的"VR 睡眠"

在 VR 睡眠中可以享受到现实里绝对无法实现的入睡体验。

在元宇宙的世界中,"VR睡眠"文化开始盛行。我们可以戴上VR眼镜在虚拟现实中渐渐睡去,这与玩游戏时不小心睡着是不同的。有人评价说,和志同道合的社群成员一起度过入睡之前的时间,这种体验就像修学旅行之夜一样富有魅力。并且,与在现实世界中和别人一起入眠的体验不同的是,在虚拟世界中你可以在任意地方入睡,比如

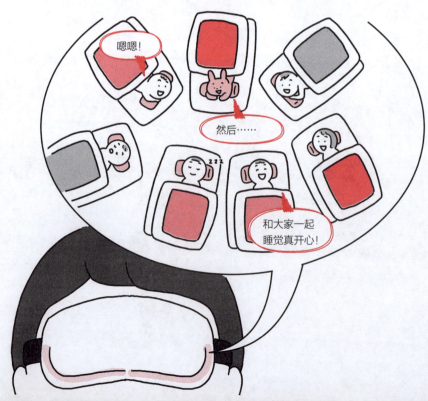

就像修学旅行之夜?

嗯嗯!

然后……

和大家一起睡觉真开心!

南极的冰面上、悬崖顶端、宇宙空间、动物背上等。这实在是一项可以获得虚拟现实"随性自在"体验的技术。为了将其进一步普及，今后的VR眼镜等设备也将变得更加轻便、静音。此外，一场名为"VR睡眠直播"的活动也引发热议。这场直播的目的是向不熟悉VR的用户宣传VR睡眠，形式是展示热门虚拟分身在虚拟现实中睡觉的样子。在超过8个小时的直播中，有100多名用户彻夜全程观看了直播，总观看人数达到了3000人。

现实中无法获得的入睡体验

关键词 ➡ ☑ 时间旅行

08 "元宇宙旅行"
——也能穿越时空？

如果进入到元宇宙中，我们即使在家里，也能享受跨越时间和空间的多姿多彩的旅行。

在元宇宙中，我们能自由地去往不同的地方旅行，也可以和朋友们一起游览美景山川，一起聊天、拍照，足不出户就能体验现实世界中和朋友去旅行的经历。我们还能和朋友分享自己拍的照片，或者将照片发给没有同行的人，这样的体验和现实生活别无二致。由此，元宇宙中也会出现再现秀丽风光、名胜古迹等的各种各样的旅游景点的服务，这和我们单纯从照片和视频中看到优美景色的最大区别在于，我

打破距离乃至时代的壁垒

元宇宙旅行

们（的分身）能够存在于元宇宙世界中。在虚拟现实中，我们也可以建筑物、观景台等优美景色为背景拍摄纪念照，而这样的风景和现实世界并无不同。现实中没有而VR独有的优点，就是可以欣赏到现实世界中已看不到的风景。例如，2019年烧毁的巴黎圣母院在巴黎指定的VRChat的世界中获得重生。此外，作为限时服务，安土城也曾再现于虚拟现实服务中。也就是说，只要在元宇宙中创造了这样的世界，我们就可以获得各种时间旅行的体验，游览"大正时代的东京"和"2000年前的关东平原"等都成为可能。元宇宙能让我们与身处同一空间的伙伴们共同游览不同的时代和空间，而这在现实中是不可能发生的。

关键词 ☑ 电竞、现实中的社会差别

09 现实中的社会差别和元宇宙中的社会差别

作为理想世界的元宇宙，也会和现实世界一样产生社会差别。

现实世界中的"社会差别"，是当今世界公认的问题之一。例如，赛车比赛在现实生活中一般是富人运动的代表。目前许多顶级赛车手的职业生涯，都是从他们童年时期的卡丁车比赛开始的。只有能负担得起昂贵的赛车、各式的装备及其运输和保管费用的家庭，才能让孩子有条件稳步获得成为职业赛车手的比赛经验。不过，最近也有一些在电竞赛车比赛中取得优异成绩的玩家也报名参加实体车赛车比赛。虚拟现实会消除现实中的社会差别，即使家庭不富裕，或者住在附近没有赛道的地

元宇宙是一个没有社会差别的世界吗？

区，这些孩子也可以成为一名赛车手。此外，在现实中我们难以改变五官、身材等与生俱来的外貌，这也成为造成社会差别的一个因素，但在元宇宙我们可以获得理想的外貌。元宇宙还会消除这样的情况：在现实中付出得不到回报，或者在现实中不论多努力都不能获得应有的成果。但我们要注意的是，即便身处元宇宙也会存在社会差别。在元宇宙中，能适应元宇宙世界的人一定会受益。但事实上，现在元宇宙内销售的虚拟分身的肤色、性别的不同，导致其价格也有所不同。如何看待元宇宙内部产生的社会差别，是我们今后需要探讨的课题之一。

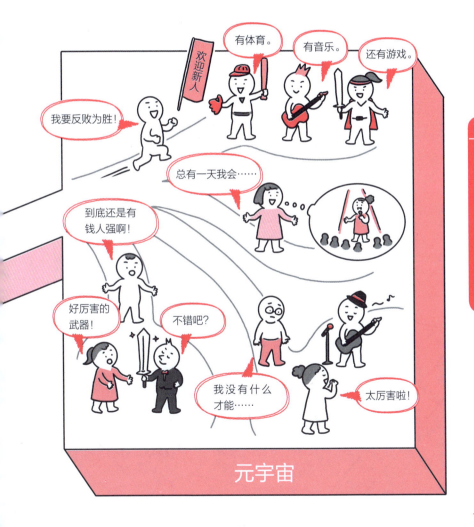

关键词 → ☑ 《最终幻想XV》、开放世界、舒适的现实

虚拟现实中拒绝"忠实地再现现实"

用户会刻意回避过于追求真实的虚拟现实。

　　虽然叫作"虚拟现实",但元宇宙所追求的是与现实不同的"另一个现实"吗?通过"最终幻想"系列游戏可以看到,人们追求的绝不是所谓的现实。2016年发售的《最终幻想XV》(FF 15)是在同系列中最饱受玩家批评的一款,其原因之一就是FF 15过于贴近现实。这款游戏是我们常说的开放世界游戏,玩家可以自由地在虚拟世界中畅游。但是,从一个地方去往另一个地方往往很花时间,并且移动过程中不会触

以追求真实感闻名的FF 15

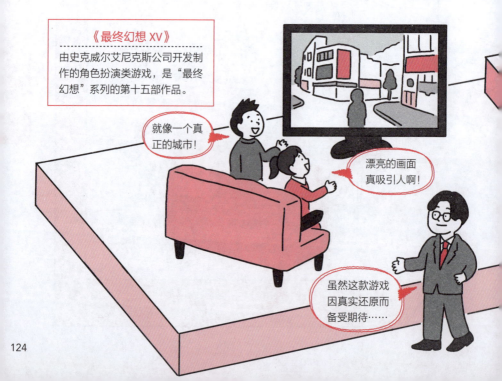

《最终幻想 XV》
由史克威尔艾尼克斯公司开发制作的角色扮演类游戏,是"最终幻想"系列的第十五部作品。

就像一个真正的城市!

漂亮的画面真吸引人啊!

虽然这款游戏因真实还原而备受期待……

发什么剧情。玩家即使要赶路，晚上也必须休息，因为夜间出行会产生相应的风险。这些限制和困难在现实世界的旅行中是一种乐趣，但玩家在游戏中并不追求与现实完全相同的体验。与之不同的是，2020年发售的《最终幻想Ⅶ：重制版》中运用AI技术，将角色的动作和反应塑造得栩栩如生。但在这款游戏中，第一次从一个地方去往另一个地方时虽然会花费一定的时间和精力，但第二次之后就可以直接传送了。游戏在需要呈现现实的部分和需要优先考虑可玩性、游戏体验的部分进行了很好的平衡。因此，元宇宙所谓的"另一个世界"所追求的不是还原现实，而是对每个使用者来说都最为"舒适的现实"。

虚拟现实不需要现实中不理想的事物？

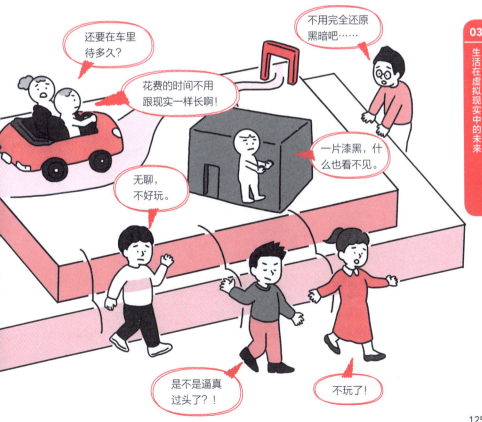

关键词 ➡ ☑ 价值观多元化、元宇宙中的恋爱

11 建立舒适的恋爱关系 ——"虚拟现实中的恋人"

在元宇宙中，你会发现价值观相近的对象，并且很容易获得融洽的恋爱关系。

所谓恋爱关系，就是彼此价值观的相互碰撞。当下，价值观多元化、细分化，现实世界中的恋爱对象之间恐怕无法避免摩擦。在现实生活中，越来越多的人认为恋爱关系不融洽、风险高，这样的趋向逐年升高，导致恋爱的魅力正在下降。不仅在元宇宙，包括在现实世界中，想要解决这一问题的现代方法就是配对服务。由于细分化的恋爱价值观，我们难以在身边找到合适人选。但就像在社交网络上寻找志同道合的伙

元宇宙和逃避恋爱

伴一样，比起没有多加考虑就交往的对象，如果能从庞大的集体中找到恋人更能减少摩擦。更进一步讲，元宇宙特有的解决方法就是将恋人虚拟现实化。我们可以和恋人建立一种有虚拟分身作为缓冲的交流方式。虽然也有人认为这样的方式无法实际接触到虚拟分身，但是越来越多的人认为实际接触和性接触并非必需品。或者说，这种潜在的社会意识正在浮现出来。这并非认同逃避现实中的恋爱，但今后可能会有越来越多的人认为元宇宙中的恋爱比现实更美好。

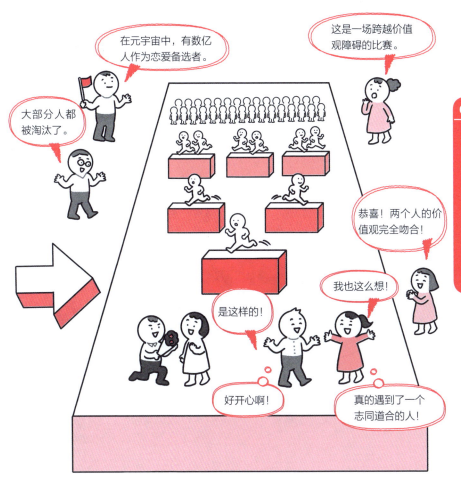

关键词 ➡ ☑ 《Gatebox》、背投、虚拟伙伴

通过"元宇宙结婚"可以尽情享受治愈的体验

将结婚对象虚拟现实化，就可以只体验婚姻生活中美好的部分。

现实生活中的婚姻比恋爱拥有更多困难——不仅指关系的舒适性。2016年首次上市的《Gatebox》是一款通过与虚拟对象共同生活，从其身上获得治愈的游戏产品。这是一款高50厘米左右的全息盒型设备，通过背投投影技术将角色投影到特定空间中，玩家可以与投影出来的角色进行对话、聊天等交流。虚拟角色可以通过对话式AI进行自然交流，还

和虚拟角色一起生活

今天你也辛苦啦！

我回来了！

今天喝这瓶酒哦！

我也想喝那个！

《Gatebox》
Gatebox公司开发并销售的角色召唤设备。用户可以与角色对话、聊天，体验"一起生活"的感觉。

这项服务可以从婚姻生活中收获治愈。

可以通过网络控制各种家电，这样的虚拟角色一般称为"**虚拟伙伴**"。这项服务从现实的伴侣的属性中提取了理想的部分，规避了拥有真实伴侣时需要承担的相应责任和成本，用户可以从中获得的仅仅是治愈的成分。也许有人认为结婚并不是那么理想的事情，这是《Gatebox》这款游戏的开发者和用户的认知基础。没有获得伴侣的机会、个人条件和资金，或者不想分配给伴侣资源的人就可以使用《Gatebox》。当然，也有人说，比起现实的异性，更喜欢虚拟的异性，元宇宙让这种伴侣交往方式成为可能。

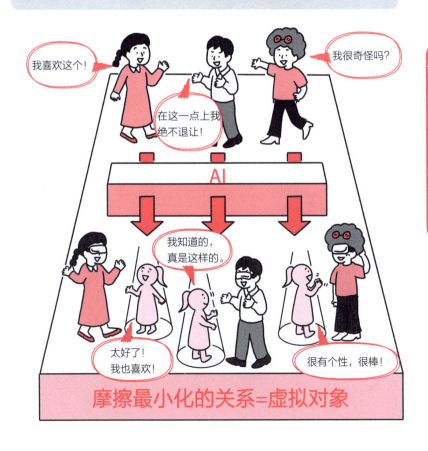

关键词 ➡ ☑ 另一种人生、另一种生活方式

13 元宇宙生活开启我们的"第二人生"

有些用户会利用元宇宙来体验另一种人生。

有人希望将工作、游戏、人际关系等现实世界中的活动转移到元宇宙中，但也存在另一种方法能够让我们"在元宇宙中享受另一种人生"。例如，现实世界里活跃在职业棒球界的运动员还可以在元宇宙中作为顶尖足球运动员大显身手；平时在办公室里对着电脑工作的商务人

"另一个自己"

现实世界

士，可以在元宇宙的多彩的大自然中从事农业工作。这些用户使用元宇宙的动机并非源自对现实世界抱有消极情绪，而是想在元宇宙中追求不同于现实世界生活的另一种生活方式。即使有人认为现实世界的生活已经很充实了，也可以通过体验元宇宙生活来发现自己的新能力，或许还能发现自己在现实中和元宇宙中个性迥然不同，从而获得意想不到的人气。随着今后设备的发展和服务的完善，元宇宙也许会带来更优质的体验，那么将来会有更多的用户在元宇宙中同时体验多种人生。

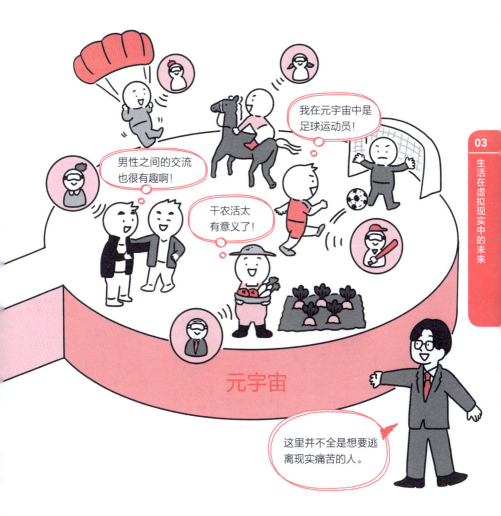

关键词 ➡ ☑ 数字服装、平行世界

14 不再需要现实世界了？生活在元宇宙中的理由是什么？

元宇宙中不断充实的另一种生活、另一种人生，使得现实世界的意义愈发平淡。

当一天中的大部分时间都在元宇宙中度过时，现实世界就变成了"维持生命的空间"，也就是我们除了吃饭、上厕所、洗澡、看医生等维持身体正常运转的活动之外，所有的社会生活都在元宇宙中进行。现在日本也有一些高中生在网络高中上课，每天在元宇宙中的时间在10个

现实世界只是维持生命的空间

小时以上，几乎不出屋。这些学生通过制作、销售虚拟分身用的数字服装，月收入堪比20多岁的工薪阶层。这样的高中生有的连四则混合运算都不会，但他们在元宇宙中的收入可以保证基本的生活。并且，如果他们不需要现实中的东西，也不需要在现实中的恋爱和结婚，对衣服和饮食也不感兴趣，那么就可以完全生活在元宇宙里了。过去，人们的生活重心是学业和工作，游戏和数字空间会对其产生干扰，充其量只不过是一种休闲和娱乐。而现在，对于能完全生活在元宇宙的人来说，现实世界只是维持生命的空间，元宇宙是满足他们各种需求的空间，两个世界形成了一组平行世界。

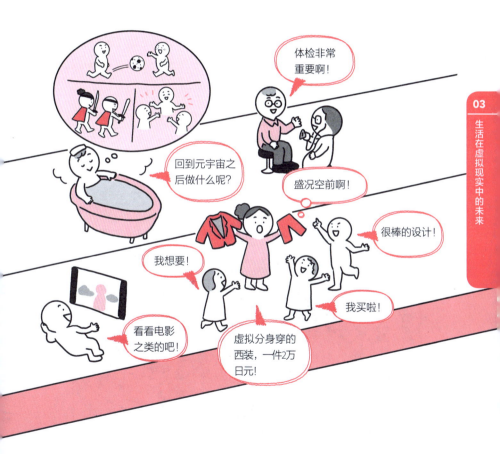

关键词 ➡ ☑ 数字原生代、提高生活的舒适度

15 老年群体也需要元宇宙的时代即将到来

从重新审视"老年人不擅长科技"这一前提开始谈起。

一定会有人提出疑问:"不懂科技的老年人也能适应元宇宙吗?"在很多场合,以老年人不了解信息技术为前提进行的讨论不在少数。但在这个世界上,既有年近九旬,却能熟练使用面向对象语言编写程序的例子;也有58岁接触电脑、80多岁学习编程,并成为世界著名应用开发者的例子。相反,被称为数字原生代的年轻群体,是伴随着智能手机、平板电脑等终端设备成长起来的,所以有很多人其实并不习惯使用

老年人才懂得元宇宙的真正价值

对信息技术的熟练度与年龄段无关

个人电脑和键盘。由于周围环境的不同,各年龄段能够熟练使用元宇宙的人数也存在差异,但仅以年龄来划分这项技术的适用群体可以说为时过早。另外还有人认为,理想的元宇宙世界恰恰对老年人才更有利。例如,看不清小字的人,在元宇宙中可以通过一目了然的放大文字和排版享受读书的乐趣;腿脚不便、无法自由出行的老年人,在元宇宙旅行中可以自由走动。用元宇宙来帮助老年人是再合适不过的了。由此可见,相比健康有活力的人,身体上有不便的人们更能通过科技提高生活的舒适度。

用元宇宙突破限制

关键词 ➡ ☑ 增强设备、技术的存在意义、FPS

16 元宇宙世界中的每个人都能成为"超人"

在元宇宙，人们可以忽略现实世界中的身体素质，每个人都能展现出超人的能力。

多数技术都可以看作是拓展人类能力的机器的"增强设备"。它们能够协助人体完成难以做到的、困难的事情。比起健康的年轻人，这类技术对于残障人士和老年人来说更有益处。护理残障人士和老年人的机器人已非常普及，以"老年人不适用""他们不太懂科技"为理由而拒绝新技术的情况在逐渐减少。在现实世界中，机器人等技术受到一定限制，但如果在虚拟现实中，这些技术就能做更多的事情。如果上了年纪，对新技术的学习、驾驭能力下降了，那么就可以通过信息技术和AI

元宇宙突破能力极限

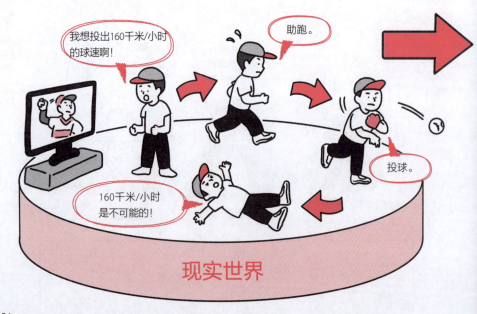

得到帮助。技术的存在意义不是要求我们具备学习新技术的能力,而是为我们学习新技术提供帮助,提高我们的能力。另外,在游戏世界里,有些人上了年纪以后才喜欢玩游戏。其中,有70多岁的游戏玩家,他们能够适应社交游戏中满是行话的聊天;还有60多岁的游戏玩家,他们使用Discord(游戏通信软件)的语音聊天来玩FPS(第一人称射击类游戏)。老年人难以调动身体去玩模拟野战游戏,但如果是FPS就没问题了,无论年龄多大都可以变成另一个角色在游戏中如超人一般大展身手。元宇宙有一项好处就是能够弥补运动能力上的不足。

关键词 ☑ 康复患者、虚拟现实的应用

17 虚拟现实帮助康复患者加快现实中的康复

虚拟现实能改善现实世界中身体上的不适。

患者为了恢复因事故、疾病、年龄增长等原因丧失的身体机能，往往需要进行康复治疗，这正是"现实的痛苦之处"。这些患者不是为了能挑战全新事物，而是为了一点一点找回曾经做过的事情，每一天都在努力着。这样的<mark>康复患者</mark>，可以通过虚拟现实想象自己已经痊愈，同时进行康复治疗。这个过程有助于减轻他们的痛苦。这个例子表明，<mark>虚</mark>

虚拟现实的应用对现实世界产生积极影响

现实世界中身体上的不适

拟现实的应用对现实世界产生了积极影响。通过使用虚拟现实进行康复治疗，康复患者可以做足回归现实的准备。例如，即使没有康复训练的机会、卧床不起或行动困难，也可以在虚拟现实中走进大自然，通过与其他人的交流创造生活价值。另外，针对精神状态不佳的人，虚拟现实疗法也已经投入到了实际应用中。我们也可以把现实世界和元宇宙作为"不一样的世界"进行区分，如果能直接对现实世界产生积极影响，那么就可以将理想的元宇宙中的一部分融入现实世界加以利用。

关键词 ➡ ☑ 电竞、模拟器、财富和地域上的差距

18 在元宇宙世界中每个人都能平等享受运动

随着虚拟现实中的运动体验越来越接近现实,每个人都能享受到元宇宙中的运动乐趣。

"电竞"是基于电脑游戏的运动,目前逐渐向全球普及。电竞发生重大转机是从国际奥委会考虑将电竞作为奥运会比赛项目之一开始的,虽然国际奥委会特别说明了电竞是对传统体育比赛的模拟,但在杭州2022年第19届亚洲运动会上,电竞项目已成为亚洲运动会的正式比赛

破除体育的高门槛

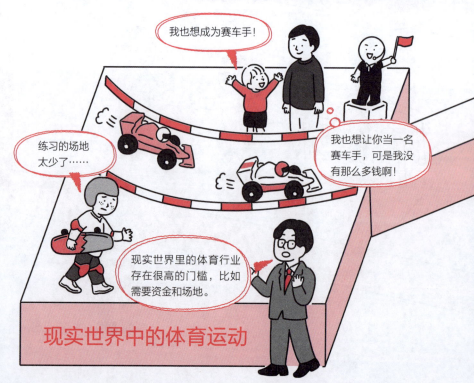

项目。并且，由于新冠肺炎疫情，赛车运动、马拉松、公路自行车都利用模拟器举办了线上比赛，这也为电竞行业带来了不小的影响。其中有一位活跃在电竞赛车比赛中的玩家，参加了真正的方程式赛车赛季。这位玩家在电竞赛车比赛中累积了实战经验，展示出了可以与经验丰富的方程式赛车手们在同一个场地上竞技的实力。在享受运动乐趣和追求进步的道路上，存在着财富和地域上的差距，例如是否有足够的资金和训练场地。然而，随着电竞的体验日益提高，每个人都可以通过元宇宙参与到真正的运动中。

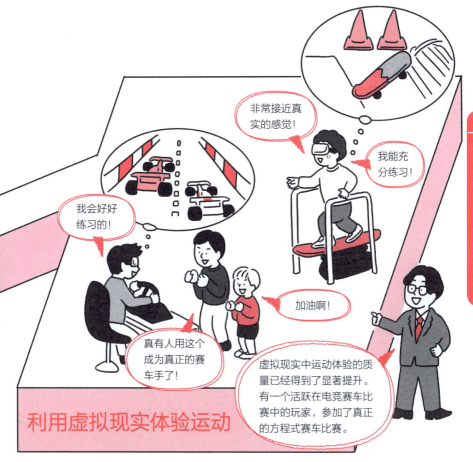

利用虚拟现实体验运动

关键词 ➡ ☑ 版权、人格权、对虚拟分身实施暴力

19 元宇宙有引发"虚拟犯罪"的风险

在人群聚集的元宇宙中，相当于现实世界的犯罪行为和纠纷也同样值得担心。

当越来越多的人进入虚拟现实的世界，向元宇宙迈进时，我们一定不能忽视法律问题。现在的VRChat等软件，通过君子协定和礼仪的约束来维持这一空间的舒适性，但随着拥有不同价值观的人越来越多，用户之间一定会产生不可避免的摩擦。这些摩擦主要包括版权问题、人格权侵害，以及虚拟现实其他的固有问题。版权问题包括随意使用已有角色作为虚拟分身，或者向虚拟世界公开受版权保护的建筑或作品的创

元宇宙中可能会发生的纠纷

意。人们经常会忽视版权，白天的埃菲尔铁塔是公有领域建筑，而晚间的夜灯始于1985年，受法国的版权法保护。人格权侵害包括侮辱、诽谤等社交网络上时有发生的问题，此外，还有对虚拟分身实施暴力和性骚扰等行为。虽然对虚拟分身实施暴力行为并不会导致有人受伤，但如果持续进行殴打、纠缠等行为，也不能放任不管。此外，还有虚拟现实独有的一些问题。例如，向虚拟分身的视野照射强光、持续发出让人不悦的声音等行为。其中，也存在这样一个问题：当虚拟分身和实际用户的性别不一样等情况下，什么样的行为构成性骚扰呢？元宇宙越接近现实社会，就越有必要专门针对虚拟现实进行法律建设。

关键词 → ☑ 法律措施、新的正义

20 元宇宙中的犯罪仍无法在现实中受到制裁

当下最迫切需要解决的是，如何在元宇宙中应用行政和司法等现实世界的体系。

现实世界的制度和社会认同的正义，都是经过漫长岁月形成的，但当人们的生活转向互联网和元宇宙时，这些便逐渐失去意义。关于信息技术领域的法律和行政建设尚不成熟，在互联网和元宇宙中，**法律措施**缺失的地带会由企业制定相应规则，从而实现一种新的社会和**新的正**

法律建设落后

元宇宙是法外之地？

义。例如，在日本，为了提高安全，日本总务省曾一度呼吁实行通信加密，但效果并不好。然而，谷歌公司的浏览器Chrome在没有实行通信加密的网站上显示警告时，采用通信加密的网站一下子多了起来。法律实践方面的问题还包括国家界限问题。世界上的任何一个地方都可以访问虚拟现实，如何调解同一个元宇宙中不同国家的人之间发生的纠纷，出现的情况又适用于哪一国的法律，这些都是尚未解决的问题。在制定元宇宙内的礼仪和应遵守的规则时，我们又该依据哪国的法律和权利来制定呢？此外，未来元宇宙内的虚拟货币和NFT交易等经济活动将越来越频繁，有必要制定金融活动和商业交易中的合约规定。

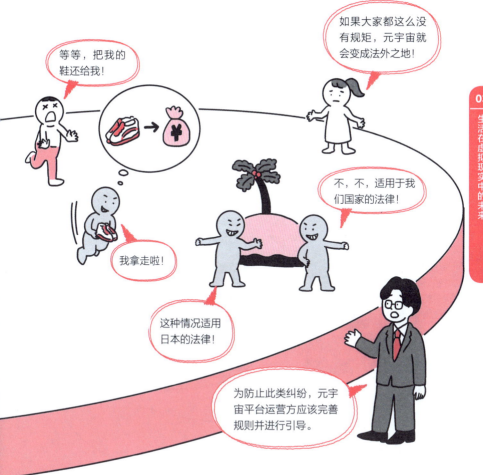

关键词 ➡ ☑ 体验死亡的过程

21 我们将来会在元宇宙迎接死亡吗？

未来，我们将在元宇宙中体验工作和生活，说不定也会在元宇宙中迎来人生的结束。

在现实生活中，人生只有一次。但是，在虚拟现实中，我们甚至可以体验到"自己的死亡"。在北京八宝山殡仪馆，曾举行过参观殡仪馆和火葬场的活动，近年还举行了利用VR体验"死亡的全部过程"的活动。此项活动有两种体验。第一种是用户在工作的途中晕倒，急救无效，心脏骤停。体验者将进入"死后世界"，在那里甚至可以体验到亲

虚拟现实的终极需求是什么？

作为迎接死亡的场所的需求

属告别的场景。第二种体验则是从遗体被运送到殡仪馆开始。我们将作为一具遗体体验这些过程：送进太平间、举行葬礼、送到火葬场等。这一过程实际需要1小时，在元宇宙中只需5分钟即可体验完毕。殡仪馆希望大家借此了解葬礼，以备万一。体验葬礼，即<u>体验死亡的过程</u>，是思考生与死的好机会。在思考了自己的死亡之后，把生活重心转移到元宇宙的人们可能既想在元宇宙中生活，也想在其中死去。也有人想把坟墓建在元宇宙里。他们认为如果还有扫墓系统的话，这样的方式比现实更加理想。即使做不到这样，随着元宇宙的不断发展，也会让更多人拥有与之相近的生活和感觉。

模拟死亡体验的VR出现了

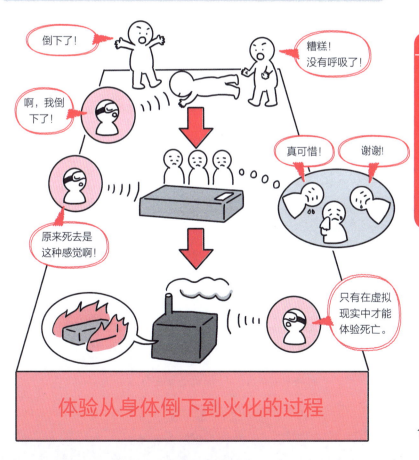

体验从身体倒下到火化的过程

专栏 3

元宇宙的未来③
VR隐形眼镜设备

　　Meta（改名前为Facebook）旗下的Oculus系列、谷歌的"谷歌眼镜"等VR或AR设备的升级，也是元宇宙发展和普及的关键。如果VR或AR设备的佩戴更加舒适，用户在虚拟现实的沉浸式体验也会更真实。

　　为此，美国InWith公司宣布将开发AR隐形眼镜设备。该设备将电路集成到软性隐形眼镜上，并已获得了专利。这家公司除了将其应用在通过移动设备调整视力等的医疗器械上外，还考虑应用在VR或AR方面。此外，令人惊讶的是，即使内置电路，该款隐形眼镜的佩戴感也与一般的软性隐形眼镜毫无差别。

  InWith表示，这款产品的问世指日可待。公司的目标是在2022年内通过FDA（美国食品药品监督管理局）的认证，然后立即推向市场。在不远的将来，我们可以摆脱佩戴VR或AR设备的烦恼，更加惬意地在元宇宙中畅游。

Chapter 04

第四章

图解元宇宙

看好元宇宙的企业和行政机构

以大型科技公司为代表的企业已经开始行动,努力在元宇宙这一前沿领域创造新的价值。此外,行政机关也运筹帷幄,将运用元宇宙来创建丰富多彩的社会。下文将主要介绍企业、行政机构针对元宇宙的各项措施和今后的发展趋势。

关键词 ➡ ☑ 数据科学、大型科技公司、活跃用户数

01 大型科技公司占据优势是元宇宙的现实

虽然很多企业都涉足元宇宙,但能够占据有利地位的还是已有的大型科技公司。

许多企业都聚焦于元宇宙中诞生的有别于现实世界的新世界。这些企业当然希望能迅速引领新技术,赚取属于引领者的丰厚利益。但可以预见的是,目前许多提供互联网服务的公司将在元宇宙的竞争中面临艰难的挑战。目前,关于元宇宙的竞争中还没有明确的制胜方,但要想在竞争中取得胜利,能否让用户获得良好的体验感是最重要的因素。为

为什么大型科技公司具有优势?

152

了达到制胜的目的，数据科学的帮助尤为重要，而大型科技公司在这方面十分具有优势。如果要收集和分析我们常说的大数据，并让用户得到最佳的体验感，一个活跃用户数为1000人的游戏厂商所能收集到的数据，是无法与拥有1亿个用户的大型科技公司所收集到的数据相抗衡的。了解元宇宙内移动时的轻微压力、行动时的响应速度等问题，以及判断什么程度无须采取措施，什么程度应该增强服务器，都是大型科技公司擅长的领域，它们更能够从海量的用户中获得反馈。大型科技公司凭借基于众多用户反应而获得的正确判断，以及能够进行大规模投资从而提高服务质量的雄厚资金实力，在元宇宙时代将长期处于有利地位。

关 键 词 ➡ ☑ GAFAM、公司优势

GAFAM 对于元宇宙的战略是什么？

GAFAM 将如何在即将到来的元宇宙时代展开竞争？

如前所述，元宇宙在未来将扎根于每一个用户的生活中，对于信息技术行业来说，这是一个"巨大的商机"。元宇宙有时也被称为"互联网的下一代基础设施"，准确地说，元宇宙也是互联网上的服务。元宇宙继承了万维网和社交网络，或者可以说是替代了万维网和社交网络的服务。GAFAM 是谷歌、苹果、脸书、亚马逊和微软五家公司的总称。

五家全球领先公司的计划

G（谷歌）
利用谷歌搜索引擎、地图、视频服务等扎根于现实的服务基础，有利于走镜像世界路线。

让我们看看这条河的历史。

很有趣的视频啊！

A（苹果）
苹果公司以出色的硬件设备为利润支柱，未来可能将更倾向于镜像世界，而不是元宇宙。

很精妙的设计！

智能手表非常方便。

目前，GAFAM在互联网上建立了绝对的优势地位。21世纪初期，万维网在互联网信息流通中担任主要角色，其中，谷歌处于绝对领导地位。到了21世纪10年代，信息传播的主战场逐渐转移到以脸书为代表的社交网络上。对于元宇宙这一新商机，GAFAM正在运筹帷幄，其中包括成功将iPhone等信息传播终端品牌化的苹果公司、拥有商品和信息两个方面基础设施的亚马逊，以及在操作系统和软件领域占据主导地位，但在网络和社交网络上缺乏地位的微软。GAFAM清楚如果推出新服务"一旦失败就无法挽回"的道理，在社交网络后的元宇宙时代的竞争中，再次审视了自己的公司优势，伺机而动。

04 看好元宇宙的企业和行政机构

关键词 ➡ ☑ Meta Platforms、Meta、Horizon Workroom

03 更名为 Meta 可以看出对元宇宙的重视

Facebook 已将公司名称更名为 Meta Platforms。其中蕴含着怎样的意图?

  2021年10月,Facebook正式将公司名称更改为Meta Platforms(Meta),该公司曾开发了在社交网络中占据中心位置的Facebook,并收购和运营了Instagram。该公司的股票代码也更改为META,可见其对元宇宙的重视程度。Meta的目的可能是想改变Facebook用户老龄化、年轻人流失的现状,但更重要的是,它让全世界都知道了Meta想要在元宇宙催生出的新社会结构中成为先驱的意图。Meta已在运营"Horizon Workroom" VR服务。不仅如此,该公司还计划掌控今后

全力进军元宇宙

同行业的其他公司进入元宇宙时的基础部分（平台）。Meta现在是GAFAM中最注重元宇宙的公司，这可能是因为Meta现有的服务在很大程度上依赖于其他公司。除Meta外，其他各公司都有信息终端、物流、操作系统等平台，但目前Meta没有这些，它的收入支柱是在其他公司平台上运行的社交网络和广告。因此，Meta抓住元宇宙这个绝佳的机会，通过开发和销售Oculus系列VR头戴式设备，以及研究和开发元宇宙，来建立一个坚实的平台。

Meta 想要获取一个平台？

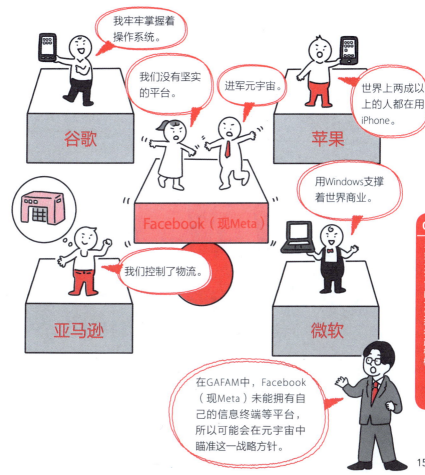

关键词 ➡ ☑ 界面、人机交互

04 Meta 的目标是开发更加便捷的设备

Meta 专注于设备研发，让元宇宙的体验更舒适。

进入元宇宙界面的方式多种多样。目前，Meta从VR和AR技术中看到了光明。Oculus创立于2012年，开发了面向普通消费者的高评价、高性价比的VR头戴设备，并因此备受关注，2014年被Facebook收购。之后发布的"Oculus Go"是一款不需要连接线的一体机设备，十分轻便，受到了广泛好评。并且，2019年推出的VR头戴设备"Oculus Quest"

极致的影像体验

收购 Oculus
2014年3月，Facebook收购了研发VR设备的Oculus，将其纳入旗下。

必须和电脑连接才行，太麻烦了！

画质不太好啊！

Facebook收购了Oculus。

好像在研发VR眼镜。

什么公司？ 2014年

2016年

VR 元年
Oculus推出了Oculus Rift、索尼互动娱乐推出了PlayStation VR等设备，头戴式显示器已经逐渐走入大众消费市场。

本是面向小部分爱好者的，结果十分受市场欢迎。Oculus Quest的分辨率、CPU（中央处理器）和GPU都进行了升级。2020年，Oculus Quest对VR相关消费的销售额的大幅增长发挥了重要作用。与VR并列的Meta的另一个投资方向是AR的人机交互(HCI)技术。这项技术可以通过直接读取大脑信号来操控原本使用键盘和声音的操作界面。实际上，由于目前很难读取和分析脑电波，该技术还停留在只能读取"手动一下"这样的神经信号，我们期待此技术早日投入实际应用。此外，如果与Oculus并行开发的智能眼镜产品能与这项技术结合，它很可能会成为AR的标杆产品。由此可见，Meta正致力于开发连接用户和元宇宙的界面。

开发新界面
正在开发新一代界面，例如读取身体动作的腕带型设备，以及距实际应用还需一定时间的用大脑操控的机器。

画质非常清晰！

不需要电脑和智能手机！

身临其境的感觉更强烈了！

只需VR眼镜设备就可以享受！

2018年

2019年~

今后，我们将为打造舒适的元宇宙而持续进行投资和研究。

Oculus Go 发售
2018年发售的Oculus Go是一款无须与电脑等其他设备连接即可使用的一体机设备。它消除了使用Oculus Rift的连接线的烦恼。

Oculus Quest 发售
2019年推出Oculus Quest，提高了分辨率、CPU和GPU性能，能够运行高负载应用程序。它兼顾了一体机的便捷性和相对较高的性能，从而获得了消费者的青睐。

关键词 → ☑ 谷歌、Google+、现实商业

05 现实思维的谷歌没有全力推进社交网络

虽然谷歌在社交网络领域有过失败的经历,但谷歌凭借其强项——现实商业,在元宇宙时代奋勇拼搏。

广告是谷歌目前的主要收入来源。目前,谷歌的业务包括搜索引擎、视频网站、地图、操作系统等各种平台。尽管信息传播的中心已经从万维网转移到社交网络,但万维网仍然保持着巨大的流量,许多社交网络也与网络服务密切相关。谷歌还拥有像YouTube这样的视频平台,并提供"Google Workspace"等多项企业级服务。乍一看,谷歌当前坚如磐石。然而,有人不喜欢交流中的摩擦,想要寻求志同道合的

无法掌控社交网络的谷歌

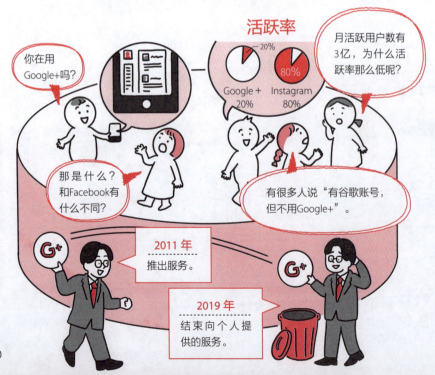

伙伴，所以他们将用户关系从传统网络转移到了在过滤气泡中提供舒适空间的社交网络，谷歌的广告收入自然也会减少。用户向社交网络转移的下一个目标就是元宇宙。谷歌已经奠定了它在传统网络上的地位，但它在社交网络上的部署失败了。2011年推出的社交网站"Google+"，还不到10年就终止了服务。从万维网转向社交网络的用户，将进一步转向元宇宙。如果这一过程需要花费一定时间的话，对于谷歌来说，这也是一个必须抢夺的市场。在元宇宙时代，谷歌正在制定战略，利用其坚如磐石的现实商业优势获得新的地位。

谷歌的强项是坚如磐石的现实商业

关键词 → ☑ 谷歌眼镜

06 利用谷歌眼镜进军虚拟与现实结合的 AR 产业

谷歌拥有立足现实的有形和无形资产,其目标是通过 AR 技术提升品牌价值。

作为互联网商业的先驱,谷歌也一直致力于现实商业。由于谷歌在社交网络和元宇宙方面发展落后,所以比起元宇宙,谷歌更倾向于接近现实的 AR(增强现实),也就是发展方向是镜像世界。"谷歌眼镜"就是直接代表这一战略的配件。这是一种被称为智能眼镜的设备,它配有 CPU、存储器、摄像头、麦克风和各种传感器,可以在佩戴眼镜

备受关注的 AR 眼镜

后看到的视野中显示各种信息。据说谷歌眼镜有潜力取代现在我们随身携带的智能手机。它可以在现实空间中显示虚拟信息，在日常生活的视野中，会显示对所看到的物品的描述，还可以提醒使用者附近有危险的汽车和自行车。在这个发展方向上，眼镜型或隐形眼镜型设备将能享受到最自然的交互体验。这样的智能眼镜与VR头戴式设备访问元宇宙不同，是承载现实数字信息的AR设备。智能眼镜可以利用谷歌现有的资产和技术成为下一代计算平台，特别是在目前谷歌的主要领域——商业领域前景看好。

现实商业与数字融合

关键词 ➡ ☑ 苹果公司、iPhone、镜像世界

07 我们离元宇宙还远吗？
未来苹果公司将备受瞩目

苹果公司以诱人的硬件设备吸引了大量用户，可以看出其对于镜像世界的愿景。

在GAFAM中，苹果公司的销售额和净利润是首屈一指的。iPhone、iPad和Mac等硬件设备及其配件的销售额占苹果公司收入的绝大部分。苹果公司最大的优势就是，有很多用户认为苹果公司设计的硬件设备具有价值，并认同公司的思想。苹果擅长终端方面的业务，但不擅长非终端方面的业务。而在元宇宙中，我们一般不会留意到硬件设备

精巧的硬件设备

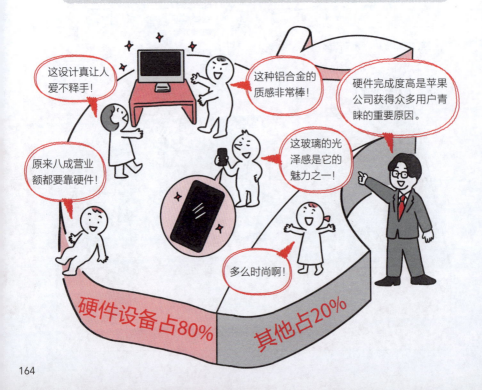

这设计真让人爱不释手！

这种铝合金的质感非常棒！

硬件完成度高是苹果公司获得众多用户青睐的重要原因。

原来八成营业额都要靠硬件！

这玻璃的光泽感是它的魅力之一！

多么时尚啊！

硬件设备占80%　　其他占20%

的完成度和质感，硬件的价值可能会大打折扣。因此，很难想象苹果会主动向元宇宙转型。苹果公司采取的战略或许将与谷歌一样，瞄准镜像世界，以AR取胜。苹果公司已经在开发用于iPhone或iPad的AR应用程序。此外，对于苹果公司来说，iPhone在终端市场上已经建立了非常强大的地位，即使同样是制造智能眼镜，苹果公司的发展方向也可能与谷歌不同。未来，苹果公司的前几代AR产品有可能是将iPhone作为主设备的周边设备。此外，如果用户能够接受智能眼镜的舒适体验感依靠iPhone来实现，那么在转向AR后，iPhone的品牌价值会一直存在下去。

虚拟现实无法展示硬件设备的魅力

关键词 ➡ ☑ 微软、Hololens

08 微软立志在镜像世界称霸

微软以 Windows 和 Office 等闻名，可以看出其愿景在于充分利用现有客户群的镜像世界。

微软在现实商业所使用的信息系统中占据核心地位，全力向元宇宙转型的好处并不多，因此，微软的主攻方向也将以镜像世界为主。如果微软想要携手优秀的合作伙伴一起构建下一代计算平台，AR比元宇宙更现实，可以提供更好的产品。为此，微软推出并开始销售新产品Hololens。作为面向企业的产品，Hololens还略显粗糙，但与面向消费

用 Hololens 实现 MR

来改变窗帘的颜色转换心情吧！

我想换一种衣服的设计。

介于VR和AR之间

微软开发的Hololens使用了MR技术，能够识别现实世界中的对象，还可以给该对象叠加上虚拟信息。

者市场的公司不同，Hololens正在逐渐巩固自己的地位。另外，微软将Hololens定性为MR（混合现实），而不是AR。MR可以像AR那样在现实视觉之上叠加数字信息，也可以像VR那样完全隐藏现实信息，覆盖上虚拟影像。虽然MR这个词鲜为人知，但其概念就是镜像世界本身。因此，我们可以将与现实相近的数字孪生作为镜像世界共同推进，用于娱乐、远程医疗、建筑和生产现场，从而拓展更多业务，提高生产力和创新能力。由此推断，微软对虚拟世界的主攻方向将以商业领域为中心，大体以镜像世界为导向。

与现有客户建立镜像世界

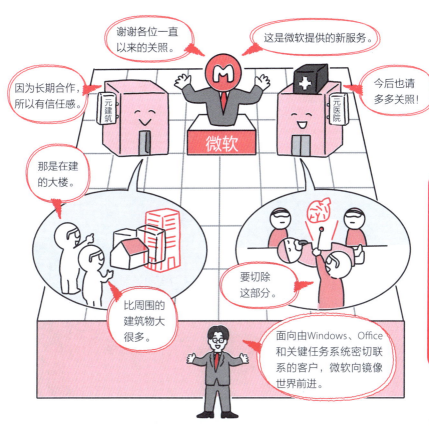

关键词 ➡ ☑ 亚马逊、Echo Frames、AWS

09 亚马逊瞄准元宇宙世界基础设施

亚马逊以电子商务闻名。作为世界大型云厂商,它有可能承担起元宇宙的基础设施建设。

在GAFAM中,亚马逊的发展一直有着自己的路线。亚马逊以网络书店起家,之后向综合零售业进军,现在是一家既销售有形物品也销售数字数据的公司。亚马逊拥有控制有形商品和物流的优势,无论世界走向元宇宙还是镜像世界,亚马逊的业务都能发挥优势。此外,亚马逊还擅长开发符合实际的高性价比配件。在智能眼镜领域,亚马逊也实验性

亚马逊是一家什么样的公司?

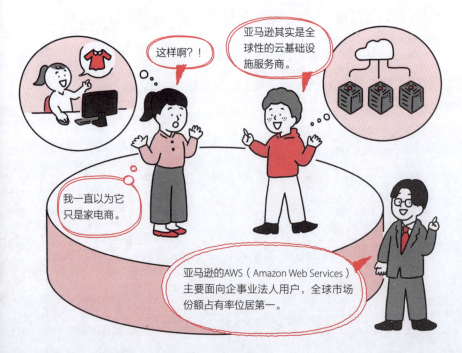

地将"Echo Frames"这一产品推向市场。Echo Frames是一款智能眼镜,它可以与AI"Alexa"连接,以语音为界面中心,这展现出了亚马逊务实的一面。而亚马逊旗下的另一个重要平台就是AWS。近年亚马逊庞大的计算资源开始过剩,而AWS就开始于对计算资源的出售。现在,AWS已经发展为世界上最大的云服务,拥有丰富的功能,如虚拟服务器EC2、云存储服务S3等。亚马逊占据了全球三分之一的云服务。开发元宇宙这种需要庞大计算资源的服务方面,很难绕开AWS所提供的服务。即使亚马逊不大张旗鼓地进军元宇宙,我们也完全可以想象元宇宙在未来有可能在AWS上运行。

作为元宇宙基础的 AWS

关键词 ➡ ☑ 虚拟涩谷、池袋镜像世界、现实世界的不便之处

10 行政政策倾向镜像世界？

行政部门也开始参与对虚拟世界的规划，从中我们可以看出一些特点。

对于下一代技术——虚拟世界，除了企业，行政力量也要参与其中。行政主导和公共事业推进的优点是容易投入大量资金，但现在日本的行政上有偏向镜像世界的倾向。我们容易接触到的有"<u>虚拟涩谷</u>"和"<u>池袋镜像世界</u>"。这两个项目是将现实世界中的涩谷和池袋的街道再现于虚拟世界，从而可以模拟在街区漫步、进店挑选商品和购买商品。

再现真正的涩谷和池袋

但事实上，这两个虚拟街区的热度并不高。原因之一是，过度重视与现实街道的一致性，将现实世界的不便之处也直接带入其中。与真实世界完全一样的虚拟世界，在模拟现实方面是具有价值的，但在提供娱乐和购物服务时，会给用户带来不便。然而，突然推出一个世界观与现实不同的元宇宙世界，又很难获得那些不太了解虚拟世界的人的理解，所以在决策过程中这是一个艰难的选择。如果是镜像世界的话，就很容易解释为"将现实原封照搬到虚拟现实中"，以及"在新冠肺炎疫情下也能在与现实相同的街道上享受购物乐趣"。因此日本有观点认为，行政上的虚拟世界的策略会大多倾向于镜像世界。

关键词 → ☑ 日本政府、登月型研发制度目标、虚拟分身

11 日本政府在元宇宙中致力于"登月型研发制度目标"

日本政府的登月型研发制度目标中包括元宇宙的建设。

日本政府将致力于虚拟现实的建设,并对此提出了一项大型研究计划,即"登月型研发制度",旨在创造源自日本的颠覆性创新。登月型研发制度意味着一个宏伟的蓝图和大胆的挑战,虽然困难重重,但如果能够实现,就会产生巨大的创新。在此基础上,日本政府提出了9项不同领域的"登月型研发制度目标"。其中,第一个目标是"截止到2050年,建成将人从身体、大脑、空间和时间的制约中解放出来的社

什么是"登月型研发制度目标"?

① 将人从身体、大脑、空间和时间的制约中解放出来
② 疾病的超早期预测和预防
③ 可以自主学习、行动且可与人类共生的AI机器人
④ 地球环境再生
⑤ 2050年的粮食与农业
⑥ 容错型通用量子计算机
⑦ 健康无忧直至100岁
⑧ 通过控制天气减轻极端自然灾害
⑨ 提升积极平和的心态

日本政府以实现"人们的幸福"为目标提出了9个"登月型研发制度目标"。

"目标1"的内容与元宇宙世界的建设愿景十分接近。

会"。可以说，这正是以元宇宙为前提的目标。其具体内容是，2030年前完成相应的技术研发、应用的基础建设，使得一个人可以利用十多个虚拟分身来完成一项特定任务，并能控制每个虚拟分身都按照相同的速度和规定执行任务。此外，2050年前，还将开发出通过机器人和由多人远程操作的虚拟分身配合来执行大规模、复杂任务的技术，并为此构建其技术应用基础。通过这种方式，我们可以实现一种新的生活方式，每个人都可以针对特定任务提高身体能力、认知和感知能力，并可以逐步将其拓展到最高水平。换言之，如果能够实现此目标，最终会突破元宇宙范畴，即使在现实世界中，利用虚拟技术控制分身和机器人，我们每个人都能追逐目标和梦想，适应多样化的生活方式。

带来丰富生活的"另一个身体"

关键词 ➡ ☑ NFT、数字原创、INTO THE METAVERSE

12 体育用品企业进军虚拟分身运动鞋业务

国际大企业进军元宇宙,利用NFT实现元宇宙中的商品交易。

众所周知,"数字数据很容易被复制"。内容持有者需要花很长时间,才能够将数字数据形式的电子书和音乐数据进行销售,但无论他们如何努力都难以避免这些数据被随意复制。因此,人们一直认为在数字数据范畴上,"原创"这一概念并不成立。但是,近年来随着NFT的出现,虽然复制版本还是大行其道,宣示数据源头的"数字原创"的概

虚拟也难以撼动品牌的力量

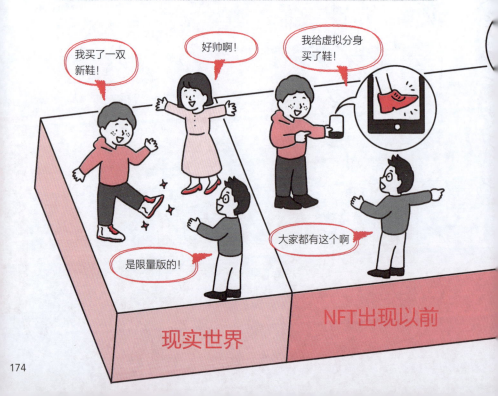

念也逐渐根植人心。基于这种技术，我们可以宣称"某项数字数据的所有权由某个人持有"。在认可这一点的基础上，我们就能买卖"元宇宙上的数据所有权"。2021年12月，体育用品制造商阿迪达斯进入NFT市场，推出NFT限量藏品"INTO THE METAVERSE"，这是以"沙盒游戏"为代表的可以给元宇宙虚拟分身穿戴的虚拟服饰。阿迪达斯推出的29620个NFT虚拟服饰在发售数小时内就销售一空，销售额高达约26亿日元。此外，其竞争对手耐克也收购了制作虚拟运动鞋等虚拟服饰的设计工作室。不过，目前的NFT只在特定条件下表示代币的唯一性，并不能保证数字数据的法律所有权。也许在未来，我们能够建立起健全的法律框架，能证明数字数据的原创性，并向用户收取使用费。

04 看好元宇宙的企业和行政机构

关键词 ✓ 宝马、JOYTOPIA、虚拟直播

13 宝马打造多功能空间"虚拟世界"

有的企业创造出了反映公司世界观的元宇宙。

德国汽车制造商宝马也推出了自己的元宇宙。2021年9月，该公司发布的"JOYTOPIA"是一个可以用智能手机进入的虚拟世界。在发布会中，英国摇滚乐队酷玩（Coldplay）进行了虚拟直播，参与者可以通过虚拟分身参与其中，接近舞台，从各个角度欣赏乐队的演奏，一起跳

给用户"前所未有的体验"

舞。有人将JOYTOPIA看作是一个单纯的视频直播平台，但宝马宣布：JOYTOPIA"是我们的元宇宙"，"是我们对客户在数字空间中寻求个人体验的声音的回答"。JOYTOPIA包括三个世界，这三个世界的标题分别是"Re：THINK"、"Re：IMAGINE"和"Re：BIRTH"。它们分别包含了宝马认为重要的主题，访问的用户在能改变外观的虚拟分身"虚拟狐狸"的引导下探索这三个世界。宝马还利用英伟达(NVIDIA)开发的"全能宇宙"，模拟制造业的各个方面，从而提高制造过程的效率，将生产计划的时间缩短三成。今后，会有更多大企业创造出反映各自世界观的元宇宙，将元宇宙运用到生产活动中。

关 键 词 ➡ ☑ 巴巴多斯、Decentraland、区块链

14 巴巴多斯设立全球首个"元宇宙大使馆"

位于加勒比海的一个岛国决定在元宇宙建设大使馆。

巴巴多斯位于东加勒比海群岛的最东方，是一个拥有约30万人口的岛国。该国曾是英联邦成员，多年来作为英联邦王国奉英国君主为国家元首。2021年退出英联邦，改制为共和国。巴巴多斯是加勒比各国，甚至拉丁美洲中议会民主制落实最到位的国家，也是加勒比各国中富有的国家之一。巴巴多斯尝试设立世界上首个元宇宙大使馆。

元宇宙中的行政服务

"Decentraland"是一个从2015年年底进行开发的早期元宇宙项目。它以区块链为基础,在那里可以购买元宇宙上的土地、房产、衣服等NFT产品。2021年11月,巴巴多斯政府宣布,计划在Decentraland上购买土地并设立大使馆。在谈到为何考虑在元宇宙上设立大使馆时,巴巴多斯数字外交大使加布里埃尔·阿贝(Gabriel Abed)说:"这个项目可以将东加勒比海群岛与全球技术连接起来。"他表示:"我们知道我们是一个小岛国。我们的国家很小,但在元宇宙,我们可以和美国、德国一样大。"这也表明,元宇宙能创造不同于现实的规则,它会对国家的发展战略产生重要影响。

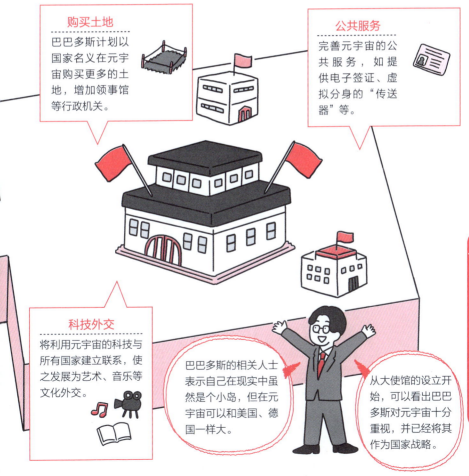

购买土地
巴巴多斯计划以国家名义在元宇宙购买更多的土地,增加领事馆等行政机关。

公共服务
完善元宇宙的公共服务,如提供电子签证、虚拟分身的"传送器"等。

科技外交
将利用元宇宙的科技与所有国家建立联系,使之发展为艺术、音乐等文化外交。

巴巴多斯的相关人士表示自己在现实中虽然是个小岛,但在元宇宙可以和美国、德国一样大。

从大使馆的设立开始,可以看出巴巴多斯对元宇宙十分重视,并已经将其作为国家战略。

关键词 ➡ ☑ 亚文化、VRM

15 日本企业如何在元宇宙时代胜出

在今后围绕虚拟世界的商业环境中，日本企业应该如何定位呢？

毫无疑问，元宇宙时代对GAFAM这样的大型科技公司十分有利，日本企业要想在虚拟世界中胜出，需要采取什么样的战略？未来，大型科技公司将更倾向于镜像世界以盘活其现有资产。新兴企业或者规模不如大型科技公司的企业，无法在平台层面与之抗衡，同时也无法在拥有巨大既得利益的镜像世界中展示其魅力。所以，虚拟世界可能会分化

日本的"看家本领"在元宇宙熠熠生辉

为一般人容易参与的镜像世界和面向发烧友的元宇宙。在这股潮流中，日本企业要想凸显自己的存在感，就应该倾向于元宇宙方向。因为日本企业在亚文化领域获得了极高评价，确立了独特的地位，凭此在元宇宙中有可能成为一流企业。虽然各国都在互相追赶，但日语仍然是亚文化领域中的主导语言。即使是关于丰富元宇宙的虚拟分身，在3D模型的文件格式中具有极强全球影响力的"VRM格式"，也是由日本的DWANGO公司领导创造的。正如大型科技公司利用其在现实商业中建立的庞大资产打造镜像世界一样，日本要打造一个元宇宙的世界，此前积累的亚文化可能是一个重要的关键点。

专栏 4

元宇宙的未来④
Meta 正在开发世界上最快的 AI 超级计算机

Meta非常重视元宇宙，甚至因此更改了公司名称。该公司最近正在开发AI超级计算机"AI Research SuperCluster"（RSC）。其目标是在2022年年中完成开发，并具有"世界上速度最快的"高性能。

Meta大力发展超级计算机还是为了成为元宇宙时代的领跑者。扎克伯格曾说"我们为构建元宇宙，需要强大的计算能力"，RSC将"实现一种新的AI模型，能够学习上万亿个例子并理解数百种语言"。

Meta推进的这一商业案例，可以对一群说着不同语言的人进行实时语音翻译。这项技术的实现，将帮助全球用户跨越语言障碍，在元宇宙上进行顺畅的交流。

"大型科技公司在元宇宙时代仍占优势",其原因之一就是大型科技公司可以进行大规模的投资。在元宇宙时代,并不是所有人都能创造并运营一个大型平台。但是,如果用户聚集到由雄厚资金打造出的优秀平台上,就会创造出谁都可以把握的商机。

本书共分四章，分别从"元宇宙是什么？""元宇宙将会是下一个'杀手级服务'""生活在虚拟现实中的未来""看好元宇宙的企业和行政机构"对元宇宙的方方面面进行了阐述。书中不仅使用了大量的插画，而且结合了我们日常生活中的相关案例，使本书的内容一目了然、通俗易懂。本书对想初步认识元宇宙的读者非常有帮助。通过阅读本书，不仅可以助力我们厘清元宇宙的基本概念、掌握元宇宙所涉及的技术，而且可以了解元宇宙对实际工作和生活的巨大影响，对于我们初识元宇宙大有裨益。

今世紀最大のビジネスチャンスが1時間でわかる！
メタバース見るだけノート
岡嶋 裕史
Copyright © 2022 by Yushi Okajima

Original Japanese edition published by Takarajimasha, Inc.
Simplified Chinese translation rights arranged with Takarajimasha, Inc.,
through Shanghai To-Asia Culture Communication.,Co Ltd.
Simplified Chinese translation rights © 2022 by China Machine Press

北京市版权局著作权合同登记　图字：01-2022-3912号。

图书在版编目（CIP）数据

图解元宇宙：未来的商业机会 /（日）冈岛裕史著；刘洪岩，金连花译. —北京：机械工业出版社，2022.11
ISBN 978-7-111-71802-4

Ⅰ.①图… Ⅱ.①冈… ②刘… ③金… Ⅲ.①信息经济–图解 Ⅳ.①F49-64

中国版本图书馆CIP数据核字（2022）第207464号

机械工业出版社（北京市百万庄大街22号　邮政编码100037）
策划编辑：坚喜斌　　　责任编辑：坚喜斌　陈　洁
责任校对：史静怡　张　薇　责任印制：常天培
北京铭成印刷有限公司印刷

2023年1月第1版第1次印刷
145mm×210mm·5.875印张·171千字
标准书号：ISBN 978-7-111-71802-4
定价：59.00元

电话服务　　　　　　　　　　网络服务
客服电话：010-88361066　　　机　工　官　网：www.cmpbook.com
　　　　　010-88379833　　　机　工　官　博：weibo.com/cmp1952
　　　　　010-68326294　　　金　　　书　　　网：www.golden-book.com
封底无防伪标均为盗版　　　　机工教育服务网：www.cmpedu.com